滄海叢刊

歷史圈外

朱桂著

1979

東大圖書公司印行

行政院新聞局登記證局版臺業字第〇一九七號

中華民國六十八年七月初版

歷史圈外

基本定價叁元

著作者 朱 桂
發行人 莊 剛 彰
出版者 東大圖書有限公司
總經銷 三民書局股份有限公司
印刷所 東大圖書有限公司
臺北市重慶南路一段六十一號二樓
郵政劃撥一〇七一七五號

謹以此書獻給

苦難中存亡未卜的雙親

歷史圈外　目次

歷史圈外

大地經過了終年辛勤的工作，熬到重陽，再也支持不住了。他那件花費了整整七個月工夫編織成的綠色外衣，幾場嚴霜，便染得五顏六色。西風幾陣撕扯，片片隨風而落。晚種的冬麥，趁着秋日餘暉，還掙扎着給大地蓋上最後一層綠紗。無如大地已放棄了一切努力，黃昏的勁風，凌晨的嚴霜，又豈是脆弱的麥苗所能承受得了。過了十月一，只得放棄一切徒勞無益的掙扎，赤裸裸地躺在那裏，一任朔風欺凌，猶如倒斃沙場的勇將，聽憑烏鴉野狗啄食。春天的花朵，夏天的濃蔭，秋天的豐收，都成了歷史陳跡。如今只剩下一具僵凍的死屍。「此地曾經歌舞來，乾坤回首亦塵埃」。陶恩比在一個月白風清之夜，飽覽伊斯坦堡的夜景，激起了他寫「歷史研究」的念頭；斯賓格勒生長在四季分明的德國，所以才有「發生」、「成長」、「成就」、「沒落」文化春夏秋冬四季的說法。倘若他們生長在中國的大西北，他們的感受將更親切生動。

「十月一，場裏完」。到了農曆十月一日，田裏的禾稼收割的乾乾淨淨，打穀場上也收拾的清潔溜溜，縱有一枝半葉殘枝敗葉，也被西北風吹得不知去向。天地間一片空曠，無邊無際的廣大空間、一無所有的空曠；無垠的沙漠，無涯的大海，都無法比擬的空曠；莊嚴肅穆使人敬畏的空曠；一種使人發覺宇宙之偉大、感人生之渺小的空曠。昆蟲死的死了，蟄的蟄了；飛禽走獸，走的走了，藏的藏了。幾株老樹的禿枝，直刺向那高的令人驚心，乾淨的令人戰慄的浩渺穹蒼。幾點寒鴉，孤零零地飛向斜陽之外。唯有無力遷徙不會蟄伏的人們，仍留在曲終人散的劇場上，咀嚼着熱鬧後的寂寞，休息辛勞後的疲倦。

十月一，鄉農們殺一隻山羊，在山神廟前奉上獻祭，感謝神明一年來的庇佑。祭祀完畢，把羊肉用大鍋煮了，多加些水，每家都分給一碗羊湯。喝過羊湯，表示一年工作正式結束。從此水結冰，地上凍，大地已經沉睡了，再工作也是白費。從十月一日起，「農有不收藏積聚者，取之不詰」，農人們終年在大地上辛勤工作以及大地所提供的報酬，雙方的賬都已結清了，此後再有剩餘，也和山間的寒月原野裏的朔風一樣，成了自然財，誰也不得專而有之。牛羊從此可以打開自由牧放，不必擔心踐踏偷吃了誰的莊稼。爲了防範田園被人畜破壞偷盜的「社」從此結束，原野成了大衆的公產。代之而起的是保衞家屋以內生命財產的冬令自衞組織。

饑寒是永遠形影不離的伙伴。冬天的黃土高原上，天高的好像就要遠離地球而去，太陽像懨懨將死的病夫，起得晚，睡得早，旣或呆呆地掛在空中，也只像一隻聾子的耳，全無一絲熱力。西北風帶來了墮指裂膚的巨大寒流，凍得連鳥兒也不敢飛。渾身厚毛的野獸都躲藏到窩裏不敢露頭，一向盡忠職責的老狗也不得不撤退防線，蜷屈在狗窩裏，把嘴埋在兩腿之間直打哆嗦。哈氣成霧，滴水成冰。在地上撒一泡尿，還沒撒完，前面撒的已結成了冰。這裏根本不出產棉花。羊毛雖有，却不會紡織。土布棉花都是駱駝從河南駝來的，手推車從長安推來的，不要說它本身的價格了，單只運費就高的駭死人。農村有土地人力，却缺少交易媒介的金錢。錢者，欠也。發明貨幣的人跟農村有九十萬代的深仇大恨，凡必須用錢買的東西，農村裏永遠都不會充足。「新三年，舊三年，補補縫縫又三年」，一套衣服穿上十年八載，算不了甚麼大事。有錢人家一年做一套新衣服眞是濶氣的無以復加了。有個鄉親跟着董福祥的甘軍到過北京，人家問他西太后生活怎麼個濶綽法，他說：「太后老佛爺比天上的王母娘娘還濶氣，一年要穿兩套新衣裳哩！」聽得人人咋舌。又問「太后每天都做什麼事？」他說：「太后每天海參燕窩吃飽了，也不做什麼事，只拿個銀灰耙曬金糞蛋。」「灰耙」是鄉下人燒火炕的工具。燒火炕的燃料，一般都用牛、馬、驢、駝糞便，必須曬乾才能燃燒，在日光下曝曬時必須用灰耙經常翻動，這是一般老婦幼女最輕鬆的工作。到了多天，人人都要穿棉襖。裏外都是千瘡百孔補了又補的破舊土布，裏面塞上一層用了幾十年硬的像石頭的舊棉絮。看起來很厚很臃腫，穿在身上也很笨重，就是一點也不貼身，一點也不暖和。棉被是「財東」家才偶而一見的東西，一般人家只有一條用土法擀成的羊毛氈，硬邦邦底，活像一塊三夾板。火盆是逢年過節或有錢人家上了年紀的人才偶而一用的奢侈品，唯有火炕是家家少不了的，在屋裏靠牆角的地方，用土坯圍一個四方形的短牆，長約六尺，寬約五、六尺，高約三尺，上面加築一層薄泥板，圍牆前面開一道小門，以便送進燃料，生火燃燒，圍牆後面開一個煙囪，直通屋外，便成了度冬保命的火炕。人在大自然中討生活，要想活命，就該研究動物，向動物學習，嚴寒的冬天，野獸都隱藏在穴洞裏，洞打得越深，裏面就越暖和。西北黃土高原，夏季酷熱，冬季嚴寒，普通木造房屋，禁不住酷日寒風，人們利用深厚的黃土層，開鑿窰洞，夏日曬不透，冬風吹不穿，倒眞解決了不少難題。饑寒是孿生兄弟，越冷越餓，越餓越冷。當夏天割麥子的季節，農夫們每天要吃五頓，白麵大饅頭之外，還有小菜，說不定還會吃一小片臘肉。一過十月一，每天就只能喫兩頓。早上一頓太陽冒出頭時吃，一碗用黃米（糜子碾的米）煑的稠粥。小菜不外辣椒粉、鹽巴、酸醋涼拌生蘿蔔絲，或一小碟醃韮菜，而且二者只能有一樣。晚飯日落西山的時候吃，通常只喝些「末糊」（用雜糧粉煑成的漿糊狀食物），有時候偶而吃一頓高粱麵花捲或糜麵發糕，已算是莫大的享受了。晚餐經常是不吃菜的，既或有也只是一碗白水熬白菜，食油比瓊漿玉液還珍貴。肉類過年或辦紅白大事的時候才能看到。

一過中午，北風便從一無所有的原野上吹來，太陽越下墜，風便颳得越兇猛，一到黑夜，還帶着神哭鬼嚎的嘯聲，偶而夾雜着幾聲狼嚎，淒厲勁哀，令人汗毛直立，心膽欲碎。門窗不住「咯吱！咯吱」震動，屋樑也「邦！邦！」地直響，好像整幢房子隨時就要隨風而去。蜷屈在床上的人們，空洞的腸胃不住地抽搐，凍得滿口牙齒不停地互相敲擊，渾身每一個骨節都在顫抖。這時候連話都說不出來，想哭也發不出聲音。心中唯一的念頭，只盼望黑夜快點過去，太陽快快出來，雄鷄啊！拜託你！求求你！趕快叫吧！人到極痛苦的時候，連死都來不及想，眞是「智者不及謀，勇者不及怒。」人可以三星期不吃，三天不喝，却難在零下廿五度以下熬過三小時。通常下半夜總比上半夜還冷，愈接近黎明愈難忍耐。倘若沒有火炕，每一個夜晚便是一場生死鬪爭。只有在那燒得熱呼呼的炕上，才能作春暖花開的美夢。

「閉門風，開門站（住也），開門不站兩天半。」凡是傍晚開始颳起的北風，大約黎明前後都會停息，倘若黎明還颳個不停，那就要颳兩天半了。鷄啼第三聲後，風住了，空氣都凍住了，連口氣都哈不出來。整個宇宙好像凝結成了一個大冰塊。地面被風掃得一塵不染，天空被風颳得沒有一絲浮雲，幾點殘星靜釘在天際，東方泛起一片魚肚白，早起的人們開始突破這涅槃一樣的靜寂。作母親的在炕頭生一把火，給兒女烤暖冰凍的棉襖，煙囱裏的清煙宣告一天又開始了。

太陽出來了，冷氣都被逼到日光照射不到的地方。荒漠甘泉，酷暑濃蔭，都比不上冬日可愛。三五村老，負暄談心，此中樂，雖南面王不易也。野人獻曝，世俗傳爲笑談，殊不知在野人生活之中，人間之樂，無有逾於「負日之暄」者。早餐過後，三五村老，蹲在避風向陽的山窩裏，手執旱煙鍋子，冒出裊裊清煙，海濶天空地隨意漫談，熱烘烘的太陽，熨燙得渾身三萬六千個毛孔，無一處不舒坦，無一處不自在。塵垢是最經濟的冬令皮膚保護劑，渾身各處都結上一層厚厚底塵垢，防止體內熱力過度擴散，抵禦外界寒氣侵襲，預防皮膚皴裂，還可以防蝨子咬。農村人家都沒有洗澡設備，整個冬天大家都不洗澡，要洗得到一百里外縣城中的洗澡堂去洗。冬季所穿的棉襖也根本不能洗。兩下交相爲用，棉襖上便長滿了蝨子，遇到太陽大的時候，脫下棉褉，在太陽底下捉蝨子，頗有王猛捫蝨而談的逸致。「孔子西行不到秦」，周秦漢唐的帝王將相，早已都睡到墓中去了。內地偉大的冒險家，一進潼關，便以班定遠、傅介子自居，壯遊西安蘭州之後，便自以為曾經到了曠古未有人去過的絕域，阿姆士壯登陸月球比他還稍遜色。董志原變成了率領七十二營大軍的回部名將。馬八條無辜橫遭刖刑，他們居然也成了細說清朝的史學權威。近三百年來，文字在這裏幾乎絕迹，鄉農十之七八都是睜眼瞎子。幸而這裏沒有報紙，他們也不識字，不然的話，報紙上的那些胡說八道會活活把他們氣死。這裏的歷史全憑一代一代口耳相傳。在可愛的冬日暖陽下，吸着煙袋鍋子，述說着千百年來世代相傳的老故事，有忠臣、孝子、貞婦、烈女，有因果報應，有民生疾苦，沒有蕩婦淫娃，沒有男盜女娼。不管那一代，都緬懷着已逝去的太平歲月。這是一羣失樂園的人們，他們的樂園永遠寄託在理想的回憶中。歷代祖先經歷的苦難，永遠活在鄉老的口中。當年張百頃家鳥飛不過的良田，被張五張六兩個現世報不到三十年就踢踏光了。大太爺左臉上的那塊刀疤，是同治八年被亂回砍傷的，當陝西回亂的消息傳來時，村子裏的人在大槐樹底下練鄉團，由二先生他爹老拔貢作團董，姚槍手作教頭。姚槍手的槍法，百發百中，晚上可以打香火頭，白天可以百步穿楊。後來土匪攻進村子，沒有來得及逃走的都被拉到槐樹底下砍頭，男女老幼，被殺了三十六口，逃到窖子裏的人，都被土匪活活燒死。朱老爹用籮筐，一頭挑着大姑奶奶，一頭挑着大先生，帶着朱大媽逃到了崇信。兵荒馬亂的年月，什麼東西都沒得吃，大家在土匪的馬糞中找沒有消化的豆子，用線穿起，放在野菜鍋裏去煮，煮過之後，把豆子撈起來，下次再用，大家只吃野菜，喝菜湯。事情雖然過去幾十年幾百年了，可是說的聽的都好像昨天的事一樣，活神活現。時下一些歷史學家，喜歡分析考證一鱗半爪的文字紀錄，用來解釋歷史，這和拆散鋼琴尋找貝多芬的奏鳴曲一樣，令人不可思議。野老村談，活生生地鈎畫出當時村人生活的片段。那麼的逼眞，那麼的親切。

駱駝客帶來天邊外的消息，又把這裏的消息帶到天邊以外。駱駝生性怕熱，一到春夏，全身脫毛，疲憊無力，便須趕往牧地去牧放，叫做下廠。秋風一起，立刻精神振作，起廠登程。每年重陽過後，田裏莊稼收淨，河邊初見冰花的時候，成行成串的駱駝，踏着穩重的步法，慢慢地從天邊來，又慢慢地走向天邊去。清脆的駝鈴，響徹在空曠寂靜的原野上。像休止符後的第一低音，像空谷中的跫然足聲。駱駝客頭戴火車頭帽，身穿光面老羊皮襖，脚登氈窩窩（一種毛氈製的鞋，北平叫做老頭樂；有時候他們也穿烏拉），牽着一串駱駝，邁着大步，一板一眼地前進。每個駱駝都在鼻中隔處鑽一個洞，塞一段小木棒，繮繩就繫在木棒上，繮繩的另一端繫在前面駱駝的鞍架上，通常一串由八、九隻組成，選擇一個最壯健步伐最穩的帶頭，由駱駝客牽着前進。一支駱駝隊大約由十幾二十串組成，排成一列縱隊。在那直通天涯的古道上，蹣跚行進。他們把西北的皮毛水菸運往涇陽、西安、洛陽，再把內地的布匹茶葉運回西北。駱駝是體形最大的家畜，牠的糞便却很小，黑黑圓圓，活像糖炒板栗。每當駝隊過境的時候，鄉人們提着糞簍，拿着木杴，跟在駝隊後面，撿拾駱駝糞蛋，順便打聽外地的消息。每一個駝隊，都有一個經理人——

駱駝掌櫃的。沿途各站口都有專供駝隊住宿的駝廠，駝隊打尖或宿夜之後，很早就起廠動身上路，留下駝隊掌櫃的負責淸算帳目，結帳以後，便騎着小毛驢飛奔前程，這種毛驢，體形很小，脚力甚健，很快地便超過駝隊，趕向前站，準備食宿。駱駝掌櫃的一般都見聞很廣，善於言詞，而且都很健談。由駝廠附近囘來的人，總會帶囘足够說幾天的新聞奇事。

爲了找點外快，鄉村裏有騾馬車輛的人家，幾家人湊合一輛車，幾個村子湊合成一個車隊，替商家運送貨物。一個多天，西安蘭州各跑一個來囘。起早睡晚，犯霜冒雪，無非爲了塡飽肚子。這些趕車出過門的人，算是見過世面的了。當然也爲封閉的農村帶囘點點滴滴外地的消息。

宇宙的奧妙眞不可思議，本來平常的日子裏，原野上空蕩蕩地，天空高的像卽將遠離地球而去，天地之間，空空洞洞，一無所有。極目望去，地球像裸體者一樣，讓看的人都不好意思。忽然，不知從什麼地方來的黃霧，排山倒海而來，剎那之間，整個宇宙，一團混沌，分不出高下，辨不淸東南西北。好像黃河的濁流，瀰漫天地之間，昏沉沉，黃澄澄。溟溟濛濛，浩浩漫漫，山岳隱跡，屋宇遁形，伸手不見五指，對面不見人影，鳥不出巢，鷄不下塒，圈裏的騾馬一個個驚惶失措，煩躁不安。天地玄黃，宇宙洪荒，宇宙最初形成時恐怕也沒有這樣恐怖。古老相傳，颳黃霧就是兵荒馬亂的預兆。人們遇到這種情況，就像世界末日到了，大難卽將臨頭一樣。一夜之間，忽然又雲開霧散，天朗氣淸。

瑞雪兆豐年，多季多下幾場大雪，來年就可望有好收成。落雪之前，先是烏雲密佈，風不甚大，却凌厲的像錐子尖，直刺向人皮膚，飛鳥走獸好像預知要下雪了，紛紛找地方躲藏，人們趕快貯存柴火食物，準備應變。忽然，空中飄起雪花，像飛絮，像鵝絨，像梨花，慢慢地，越下越大，不久，地面上都蒙上一層雪白的外衣。焦枯的黃土、醜陋的茅屋、乾枯的樹枝，都退隱不見了，好一個粉粧玉琢的銀色世界。千山飛鳥絕，萬徑人蹤滅，空中飛飛揚揚，好像玉龍相鬪，片片鱗甲，縱橫飛舞。快雪時晴的夜晚，月光反照在雪上，洞澈光明，整個宇宙好像一大塊毫無瑕疵的透明水晶，聖潔寧靜，超塵出俗，廣寒宮、水晶宮、神仙世界，料想不過如此而已。

接連下上幾場大雪，地面全被雪封，一些不會貯藏食物的飛禽走獸，便遇上了難題，爲了求食，不得不冒險到人類的家屋附近，人類便趁火打刼，大肆狩獵。小孩子在庭院中掃出一塊空地，用棍子斜支一隻籮筐，籮筐下面撒一把米，棍子上栓一根繩子，拉到門背後去，用手牽着，等那些饑餓的麻雀鴿子來啄食時，把繩猛一拉，籮筐倒下來，正好扣住那些貪食的鳥兒。半大小子則去捉雉鷄。雉鷄到雪中來覓食，身上落了一層雪，經體溫融化，結成了冰，翅膀被凍住了，飛不動，跑不快。幾個小夥子一圍捕，便可手到擒來。大人們不屑意捉這些小玩意，帶了獵槍，領着獵狗，去獵狐兎，不但肉可以充饑，皮毛更可以換錢。幾場大雪，運氣好的獵人，準可以過個肥年。

「天公喪母地丁憂，萬里江山盡白頭，明日太陽來吊孝，枝枝節節淚交流」。雪後放晴，太陽特別光艷，陽光一照，向陽處的積雪開始融化，屋簷點溜，地面上水流縱橫。下雪不冷消雪冷，中午一過，太陽便熱消火盡，朔風峭勁，雪水又結成堅冰，屋簷上結一串一串的冰掛，好像岩洞中的乳鍾，只是更晶瑩，更瑰麗。尤其太陽快要下山的時候，那種寒冷，令人想起來都會戰慄。晚上月光照在積雪上，眞是「明月照積雪，北風勁且哀」。第一場大雪之後，山頂上和太陽照不到的地方，整個冬天便被積雪封閉，直到來年春天，才全部融化。

有的時候，氣溫突然下降，空中的水分凝結成像小米粒大小、晶瑩像珍珠般的雪珠，墜落地面，叫做霰子，這時候樹枝上也結上了潔白的網狀冰纓絡，叫做樹掛，每棵樹都像一支巨大瑰麗的珊瑚，煞是奇觀。

冬天有說不完的故事，有說不完的苦難，也有說不完的希望和夢想。

臘月蔫

時間在農村中像一泓死水，只有四季循環的漣漪，沒有年歲推移的巨浪。在這塊后稷曾經教民稼穡的地方，幾千年來，世世代代，都像磨道裏的驢子一樣，以同樣的方式，同樣的步法，走着同樣的老路。一年之中，最刺激的節日便是過年，一過就是整整兩個月。從臘月初八到二月二，都在年的盼望、籌備、歡度和回味之中度過。「臘月蔫，正月快，一摟就是二月二。」

「臘八」是年節籌備的開始。初七晚上，主婦們徹夜不眠，準備「臘八粥」，用黃米、小米、紅豆、麥餅……等最少五種穀類，外加胡桃仁、杏仁、瓜子、松子、葡萄干等七種佐料，溫火熬煑成「七寶五味粥」。鷄叫以後便開始祭神，除祖先牌位前上供外，每一間房子的房門上、磨盤上、水井上、牛羊圈上，甚至院子中的棗樹上，都要黏一點粥，表示奉獻。祭神之後，全家人便開始用粥，吃得越早，預示來年全家人都能早起勤奮工作，吃粥絕對不能配菜，這樣來年田中才沒有雜草，吃粥更不能被早起的麻雀看見，否則來年種的莊稼會被麻雀吃光。吃完臘八粥便開始籌備過年，該做的做，該買的買，該練的練。同教人士常常開玩笑說：「漢人一頓臘八粥懲瘋了，見了什麼都買，一張花紙也買回去焚香膜拜。」

第一個預報新年消息的是「臘鼓」，「臘鼓催歲」，催促一年的結束；「臘鼓逐除」，預除明年的瘟疫；「臘鼓鳴春草生」，驚醒多眠的草木快點準備發芽。隴東鄉下所擂的臘鼓都是牛皮大鼓，直徑約一公尺半，厚度約在六十公分左右，兩面蒙着厚重的牛皮，四周圍以木製鼓圈，兩邊安裝兩個銅環，以便擡着行進。鼓手拿着兩支三十公分長短的鼓槌，在鼓面上狠擂。不要小看一面皮鼓、兩支鼓槌，它可眞能打出不少花樣來：像「三點水」、「太平年」、「急急風」、「將軍令」、「梅花三弄」、「漁陽三撾」、「羯鼓催花」等等，形形色色，不一而足。鼓聲渾厚甕勃，一槌打下去，就像錘在心弦上一樣，使人心弦大震。悲壯蒼涼，充滿原始性的殺伐之音。難怪中國古代要「擊鼓前進，鳴金收兵」，各地土人也都在廝殺之前大擂戰鼓。從臘八節這天起，各村各社，都把塵封了一年的鑼鼓拿出來，擺在廟前的廣場上，讓村人敲打。歲暮黃昏，原野一片空曠，老樹的禿枝直刺着冰冷而奇高的晴空，「斜陽外寒鴉數點」，古道上駝鈴悠揚，此情此景，一聽到村社中的臘鼓，異鄉遊子，沒有一個不急着趕路回家過年的。

農曆十月，各地秋季騾馬會結束後，演草臺戲的流動班子，便歇業「窩多」，部分演員改演「牛皮影子」。用牛皮剪作人物等形，敷以彩色，各關節處皆可活動，裝上竹籤以便牽動。放映時，裝上一大塊透明紗幕，幕後高懸强烈的燈火，演員把「影戲人子」放在幕後表演，幕前便顯出各種影像，華北各地叫做「灤州影」。一過臘八，這種演牛皮影子的人也「窩多」去了，接下來該是村人自唱「彌胡子」了。「彌胡子」是一種地方戲曲，一樣也有生、丑、淨、旦、末諸角色。主要的伴奏樂器有「弦子」（三弦）和「胡胡子」，胡胡子是一種和胡琴相似的樂器，共鳴箱作半圓球形，活像一隻飯碗。用牛皮紙膠水一層層糊製而成。碗口上蒙以蛇皮，聲調低沉蒼涼，有時候也以簫笛等樂器伴奏。戲碼一般都是些「玉瑚墜」、「玉堂春」、「陰陽合」、「小姑賢」、「二進宮」、「逛花燈」、「琵琶記」、「荆釵記」、「殺狗勸妻」、「截江奪斗」、「櫃中緣」等。曲調有「一枝花」、「紅綉鞋」、「醉太平」、「摸魚兒」、「黃鶯兒」、「山坡羊」、「雁兒落」、「豆葉黃」、「新水令」、「伊州令」、「折桂枝」、「三聲甘州」、「涼州調」等，和元曲的曲調非常相似。是否元曲遺緒，不得而知。「彌胡子」雖然從正月初九開始演唱，但籌備排練却從年前臘八開始。

鄉下人點燈用油奇缺，天黑即睡，天明即起，除了讀夜書外，晚上是不作興點燈的。但是「早不玩弦，晚不要錢」，是祖先傳下來的遺訓，誰也不敢違背。臘八過後，村子裏對「彌胡子」有興趣的人，集合在一處，點一盞昏暗的油燈，開始排練。休息時，由老年人講些歷史故事、鄉野傳奇。在死寂呆板的村居生活中，憑添無限情趣。

一過臘八，婦女們可眞忙得不可開交，麵粉要自己磨，醋要自己做，酒要自己釀，最麻煩的還是全家的衣服鞋襪，沒有成衣可買，沒有現成的鞋子襪子可買，沒有縫級機可用。一切衣服鞋襪，都要親手剪裁，親手一針一線地縫。「十月裏天，盌裏轉。」隴東緯度高，多季晝夜時差甚大，白天吃兩頓飯就過去了，很少有時間作事。到了冬至，白天短到極限，過此逐漸日長夜短。「過了臘八，天長一叉把。」言其過了臘八，白晝加長的時間，以日影計算，約有一個叉把長。但是白天還是很短。大約早上七點鐘太陽才爬出來，下午四點半過一點太陽就下去了，仍然作不了什麼事。一過臘八，急景凋年，也顧不得省不省油，可以公開作夜活。深更寒夜，一燈如豆，家家主婦，都一刀一刀地剪，一針一針地縫。記得小時候，午夜夢廻，媽媽弓腰駝背，在微弱昏暗的燈光下，一面哈氣溫暖凍得僵硬的雙手，一面一針一線爲全家大小縫補衣裳，那種情景，至今每一想及，便肝腸寸斷。

隴東一年之中，有半年不見綠色，也沒有新鮮蔬菜，一些韮菜、茄子、黃瓜、芹菜，早在農曆九月間就已醃成鹹菜；白菜、高麗菜、蘿蔔、萵苣……等，也在十月間泡成酸菜，還有大蒜、辣椒、蘿蔔乾等，更早在夏秋之交，曬乾貯存；剩下少數可以久貯的像白蘿蔔、紅蘿蔔、芥頭菜、洋芋、捲心白菜、高麗菜、萵苣、大葱等，到了十月，收割起來，存放在地窖裏。現代科技發達，好多地方都有冷藏新鮮蔬菜的設備。西北酷寒，一到冬天，天地之間便是一個大冰庫。但是這個冰庫，溫度太低，蔬菜若露放在地面，就會凍壞。農人們便在地下挖一個地窖，出口較小，裏面較大，蔬菜放進去後，上面再蓋一層土，以保持適當溫度。這樣的貯藏法，可由年前十月一直藏到來年二月二日，小時候跟媽媽下地窖取菜，眞是好玩極了。捲心白菜最耐冷凍，把牠移植到背日的地方，天天澆水，使之結冰，食用時再拿來融解，不但保持雪白嫩綠的新鮮顏色，而且經過冰凍之後，味道也特別香甜。

鄉下人家食用的東西，都是自己生產，自己消費，依然是封鎖的家內經濟。生產的目的，完全爲了自己消費，僅在偶有剩餘或不足的情況下，才有買賣行爲。年終歲暮，有些農家，計算所存的蔬菜，倘有剩餘，便拿到市集上去賣，若有不足，也趕在年前買一點準備過年。隴東商業凋零，大約方圓二十多華里內才有一個鄉鎮，鎮上也不過只有幾家中藥店、布匹百貨店、南貨店，一兩家客店、一兩個小吃店、一個郵政代辦所。大約相隔十華里左右有一個市集，每逢二五八、三六九，或一四七日，商販及附近居民，都定期來趕集。各種貨物都陳列在地上，太陽偏西，交易完畢，各奔東西。臘八一過，專賣年貨的市集便開始熱鬧起來。首先來報信的是「年畫」，大都是商人遠從天津附近的楊柳青運來，也有遠從上海運來的，在對開或四開的紙上印上彩色圖畫。有連環歷史故事，有各種劇照，有名勝風景，也有行樂圖，鄉下人買回去，過年時貼在屋內壁上，作爲新年裝飾。年畫之外，東厨司命灶神、福祿財神，和各種門神的畫像也要「請」新的回去。這些神像都是五色套印在薄紙上，一樣也要花錢買，却不能說「買」這種不尊敬而褻瀆神明的話，要說請。還有五色彩紙剪空花的「掛錢」，過年時，上端貼在門楣上，下端迎風飄動，五色繽紛，在沒有顏色的冬天，煞是奇觀。寫春聯的紅紙，敬神用的香燭紙馬，以及小孩子最喜愛的爆仗，都帶來了即將過年的節日氣氛。核桃、花生、冬梨、乾棗、麥芽糖、豆瓣糖等應時糖果，也都整筐整簍地擺在那裏出賣。逢集的日子，村民三五成羣，有的騎驢騎馬，有的肩挑籮筐，有的推着獨輪車，有的步行，一個個肩上都背着錢褡子，從四面八方擁向市集。記得小時候，每當爸爸去趕集的日子，當太陽快要下山的時候，便老遠跑到村口上，站立在寒風中，痴痴地等待，並不是對老爸爸有什麼孝心，實際上一心只盼盼着他老人家褡連中的東西。

「小孩盼過年，大人怕過難」。太平年月，幣值穩定，村民安土重遷。一般村民都向市鎮中熟識的商店掛帳，平常買了東西，不付現鈔，也不簽字，聽憑店裏的夥計在帳簿上記一筆。到了節下再行清算還錢。年尾是一年帳目的總清算，所有欠人人欠都必須償還清楚。一過臘八，鎮上店裏的夥計，夾着帳簿算盤，背着錢衩子，逐村逐戶索討欠帳，這時候一些貧窮人家，恍如催命無常臨門，恨不得找個老鼠洞鑽進去。還有那些放閻王債（印子錢）的，這時候也擺出閻羅面孔來討債，「不怕欠債的精窮，只怕討債的光棍。」討債的一到，鷄飛狗跳牆仍然無濟於事。記得小時張二爹被債主逼得要上吊，討債的說：「你死了，我就是到閻羅殿也非向你討回來不可！」嚇得張二爹連自殺都不敢了。急景凋年，賣血產的人特別比往常多。不過討債也有個富於人情味的規矩，臘月三十，門口春聯一貼，迎神鞭炮一放，什麼債也不能再討了。一夜過後，到了新年初一，大家見面，只能說「恭喜發財」，好像根本沒有過欠債那回事一樣。臘月裏常聽到人家說：「不得了！今年的年過不去了！」正月裏一看，誰也沒有留在「年」那邊沒過來。

臘月二十三灶君上天，家家戶戶備了麥芽糖，活公鷄和其他祭品，在晚上祭祀灶君。焚香禱告以後，把灶君畫像從神龕中取下來，在嘴上黏上厚厚一層糖，堵死他的嘴，以防他向玉皇大帝報告壞事。然後送往戶外焚化，一邊燒，一邊口裏還叮嚀着：「上天言好事，下凡降吉祥，好話多說，壞話不提。」除了焚化起程的程儀外，還要給灶君老爺的馬準備草料，東南各省的灶君坐轎升天，西北各地的灶君則騎馬晉京，中國各地的神也入鄉隨俗，和人民生活打成一片。臘月二十三，官府封印，諸神返回天宮舉行年終總檢討會議。從二十三到三十，七天之中，人間沒有官役執行王法，也沒有諸神執行冥法，小百姓眞正成了無人收無人管的無懷氏之民。在這期間，婚嫁動土，百無禁忌。城隍爺頭上都可以用笤帚來掃。

臘月廿四掃舍，又叫掃窮，家家戶戶，把鍋碗瓶罐、桌椅板凳，一應傢俱，統統搬出來，來一次徹底年終大掃除，掃淨一年來所積的汚穢，也掃光一年來所有的霉氣。收拾得乾乾淨淨，準備一個新的開始，開創另一個新天地。

農村人家，一年到頭與馬牛羊雞犬豕為伍，一年到頭却不知肉味，除非遇上婚喪喜慶以及過年，平常日子，只看豬走路，却嘗不到豬肉。客人來了，頂多炒兩個雞蛋，大賓光臨，才破天荒殺一隻雞。經常周圍二三十華里內才有一個肉案，還不一定每天殺豬。可是年豬家家總要養的。一過臘月廿三，村子裏開始輪流殺年豬，請村子裏會殺豬的人操刀，再請幾個鄰居幫忙。操刀的人照例把脖子上刀口那一段肉割去作爲報酬，其餘幫忙的人只吃一頓豬肉便算了事。有的人家殺兩頭或三頭豬，一頭留下自用，剩下的拿到市集上去賣。沒有養豬的人家也要割（買）幾斤肉來過年。殺豬後，主婦們更忙得不可開交，灌香腸、醃臘肉、煉豬油，還要蒸很多很多饅頭，過年的饅頭要一直吃到二月二。過年時，各種神前都要供奉很大很大的大饅頭，饅頭上還要加上紅棗，有的還作成豬頭的樣子。臘月二十七、八、九，過年的籌備工作，如火如荼，市集上到處都是人潮。男人們大包小包地往家裏買，女人們不分晝夜地蒸煑煎炒。家家煙囱裏從早到晚都冒着濃煙。大家平日省吃儉用，終年辛勤工作，就是爲了過年這一天。

小孩子天天搬着指頭算日子，期待中的日子過得最慢。隴東土話把牛馬走的很慢叫做「蔫」，「臘月蔫」，意思是說臘月過得特別慢。盼望着！盼望着！臘月卅終於到了。說也奇怪，在我記憶中，臘月卅總是陰沉沉的大寒天，而正月初一多是雪花飄六出的日子。白水東鄉有一項特殊的習俗，年卅早上照例要吃「攪團」。用蕎麵粉或麥麵粉作成漿糊一樣，可以醮酌料乾吃，也可以加臊子湯吃。吃過「攪團」，便打掃庭院，張貼門神、春聯、掛錢、糊窗紙、掛年畫，男女老幼，人人興奮忙碌。出門在外的人，最晚也要在今天回家。午後，有的人家還到祖墓上去請祖先回家過年，已出嫁的女兒，無論如何要卅兒前回到婆家去，絕對不能留在娘家過年。傍晚，各處的神像都奉安起來，火盆裏生起一盆熊熊烈火，單等吉時一到，門口掛起燈籠，鞭炮一放，全家老少，恭迎諸神回位，祖先回家，上香焚表之後，圍爐吃年夜飯，這是一年中最豐盛的晚餐，可是小孩子們都無心吃飯，迫不及待地等着飯後的節目。飯後另外換上一席小菜，溫上一壺老米酒。由年長的人，率領全家，向祖先辭歲，上香禱祝之後，三拜九叩。然後一輩一輩，分別向長輩叩頭辭歲，長輩接受大禮，並分給壓歲錢。鄉下人自給自足，貨幣平日很少使用，小孩子們終年見不到錢，從初一到卅兒，一年三百六十天，盼望的就是這一刹那。如今你就是平白給我一百萬，也沒有兒時從爺爺奶奶、爸爸媽媽手中接過幾個銅板的壓歲錢，那種興奮、喜悅和滿足。人世的哀樂是不能用錢數計算的。辭歲之後，大人們圍坐一團，一面喝着酒，一面檢討一年來家務的得失。而後長輩們收起平日嚴肅冰冷的面孔，孩子們突然放膽無忌，全家老小在一塊兒擲骰子、押單雙，來抓抓福。大家都睜大眼睛等着看一年的完結。

新年樂

「一夜連雙歲，五更分兩年。」時光的巨流連緜不斷，唯有在過年的時候才顯露出一個截然不同的階段。晨鷄一啼，人們突然由一個時代跳到另一個時代，舊的一代滅亡，新的一代成長，「年」就是時光旅途上的里程碑，分界線。

舊年三十晚上，人人都要熬夜守歲，絕對不能睡覺，好像睡着了就會被遺留在年那邊過不來似的。老人家說守歲是爲了熬去明年的各種病痛，我當時的小心眼裏却一心要看清楚怎麼會突然多了一歲。中國人永遠是謙虛卑下的善良子民，把自己的命運毫無保留地奉獻給喜怒無常的神明和官吏來擺佈，自己唯一所能作的就是拼命巴結祂，討祂的歡心。新年第一件大事就是「搶頭香」，鄉下人沒有鐘錶，兩年間的界限以雄鷄第一聲啼叫爲準。村民半夜就帶了香蠋紙馬，守候在廟門口，端等鷄啼。當鷄聲剛一響起，就立刻奔進廟內，上香、敲鐘、擊鼓、鳴砲。告訴世人，新的一年開始了。第一個上香的人算是搶到了頭香，注定今年這一年有求必應，萬事如意。

老子說：「有無相生，難易相成，長短相較，高下相傾，音聲相和，前後相隨。」人間的苦樂，在最低限度生存條件以內，是相對的，不是絕對的。現代生活在臺灣的孩子們，天天穿新衣裳，頓頓吃大魚大肉，口袋裏隨時都有零用錢，把過年也就看得淡了。小時候在家鄉，天天穿得像叫化子，頓頓吃那缺油少鹽的粗茶淡飯。突然一夜之間，人人都穿起新衣，戴上新帽，穿上新鞋新襪，口袋裏裝上沉甸甸地幾包壓歲錢，頓頓有大肥肉吃。平常見了大人像小老鼠見了貓一樣，嚇得心驚膽戰、失魂落魄，突然之間，放開鎖鍊，暢所欲爲。小乞丐一夜之間變爲王子，一跟頭栽到雲端裏，那種喜悅，豈是筆墨所能形容。

大年初一，從廟裏進香回來，拜天地，祭祖宗，灶君、土地。在磨盤、井欄、牛柵羊圈，各處都上上香，匆匆吃一頓臊子麵。由大人率領着到村子裏去，挨家逐戶拜年。年的魔力眞大，一夜之間，人們臉上的寒霜融化了，個個滿面春風。人與人之間的距離突然拉近了。就是平日彼此心裏有疙瘩見面像鬪鷄的，這時也滿臉堆笑，互相恭喜。「恭喜！」「恭喜！」不知道那裏來的那麼多的喜，整個天地之間，喜氣洋溢。小孩子到鄰家去拜年，壓歲錢不一定有，但核桃、棗兒、花生和其他糖果是絕對少不了的。嘴裏塞滿糖果，口袋裝滿糖果。見了長輩就磕頭，長輩們自然就把大把大把的糖果往你口袋裏塞。這是男孩子的特權，女孩子們却不能到鄰家去拜年。拜年回來，大放鞭炮，那時候孩子們的膽量比較小，把炮放在門墩上，躲在門背後，伸出小手，拿着一柱香，戰戰抖抖地點，點燃後，雙手摀着耳朵，雙腿直抖，砰然一聲，又縱聲大叫，人眞是一種奇怪的動物，越危險的事情越想冒險，冒險成功，也分外喜悅。初一這一天要比頭年卅短多了，一幌一天就過去了。小孩子因爲先熬夜後又大玩，晚上很早就入睡了，唯有一些年輕小夥子，到廟裏去鬪紙牌、擲骰子。一般輸贏都很少，只不過湊湊熱鬧而已。

從三十到初一，照例有許多習俗和禁忌。一些好動的孩子，一條新褲穿在腿上沒有幾天，膊膝蓋上就磨破兩個大洞，作母親的補不勝補，深以爲苦。三十晚上便叫他獨自到院牆下去，一面用膊膝蓋碰牆，一面口裏念道：「碰東牆，碰西牆，我娘嫌我費衣裳。」碰過之後，據說以後衣服就不會那麼容易破了；三十晚上，神要抓惡鬼「年」，「年」跑得很快，神追不上，人們在庭院中擺些蔴稈，「年」跑過來時，就會絆倒，神自然就可以把它捉住；三十晚上，用飯碗盛一碗清水，平平正正地放在庭院裏，到了初一，完全都結成冰，看碗面上冰的高低，可以預測一年的風向和五穀收成的豐歉；初一大清早，在門墩上放一黑一白兩個饅頭，叫狗來吃，倘若先吃白饅頭，表示今年會豐收，倘若先吃黑饅頭，預示今年要鬧荒年。初一，不能罵人，不能說死，不能打破東西，不能動針剪，不能潑水，不能從井中汲水，萬一非汲不可，先向井神上香焚表，向井裏投一個饅頭，然後再汲。初一也不能吃藥，不能請醫生看病，不能掃地，不能……總之，初一的禁忌可還多着哩！說也說不完。

經過年前大忙特忙之後，新年期中，除了吃喝玩樂而外，作任何工作都是犯禁的。連牛羊都關在圈內，等到初二以後，拿出皇曆，選一個好時辰、好方向，趕着牛羊，帶着農具，向着喜神所在的方位，舉行「出行」典禮，到了郊外，焚香祭拜，鳴放鞭炮，典禮過後，人丁牛羊，才可出門。所以初二是人們在家裏「耍錢」（賭錢）的一天。初三早上，又一場大祭祀，祭祀完畢，開始「走親戚」，拿着「禮行」（禮品）到親戚家拜年。小孩子頭一個要去外婆家，新結婚的要先去丈人家。這時候，路上來來往往都是「走親戚」的。鄉下人家，對於來訪的客人，無論是不是吃飯的時候，一定要留着吃頓飯，客人上門而沒有招待吃飯，是最失體面的醜事。新年期中去親戚家拜年，走一家必定要吃一家，一門親戚，分作幾家，比鄰而居，那一家也不能不去，那一家也不能不吃，往往一天之中就得吃五六頓。老實的人，不會堅拒主人添菜添飯的盛意，眞會被撑死。我祖母娘家分爲十房，祖母雖然已經過世了，每年我還是照例要去拜年。那些長輩們都對我非常寵愛。當天去，當天回來，一頓午飯，足足要吃十家。那一家的爺爺奶奶也不肯讓我少吃一口。他們不住地向我碗裏夾菜添飯，而我所受的嚴格家教，凡是自己碗裏的東西，必須全部吃光。唯有去我自己外婆家，可以多住幾天，輪流慢慢吃，還可撒潑要賴不吃。因爲到了外婆家我便成了小皇帝，沒有人敢不聽我指使的。新姑爺來拜年更風光了，不但岳家要請，全村子裏的鄰居都要請，眞是吃不了兜着走。請客人還要請幾個體面的鄰居長輩作陪。鄉下人平日狼吞虎嚥的吃相是上不了檯盤的。陪客必須自己細嚼慢嚥，極斯文，極斯文地吃，却要猛勸客人多喝多吃。

過年後，請姑奶奶回娘家也是一件大事，通常從初三起，派子姪或兄弟牽着小毛驢或大馬去迎接。嫁出去的女兒，若尙未生育，必須年年準初三那天去迎接，過了燈節再送回去。等到生過幾個孩子以後，就說不定那天去接了。

從初一到上九（初九），天天有特定的節目，有特定的食物，家家都照着「媽媽經」奉行。初三到初九，是給親戚朋友拜年的時期，也是款待親戚朋友的時期，同時又是村人請吃年飯（春酒）的時期。中等以上人家，利用這段時期，請村中長老及鄰居好友，歡聚一堂，喝幾杯濁酒，閒話桑麻。貧窮人家，利用款待遠客的機會，請村老作陪，以代替年飯。鄉下人恩怨分明，禮數周到，有恩必報。不過要等一個適當時機，不能立受立報。顯得過於現實。凡是頭年受人家的恩惠，欠人家的人情，都利用過年這個機會，請人家吃杯酒，以示感謝。村人自製的濁醪，是用黃米煮過後，加麯發酵而成，酒色黃而混濁，酒味醇厚芬芳，幾杯落肚，暖烘烘，暈淘淘。「家家扶得醉人歸。」誠鄉居一樂也。

一到「上九」，各村各社開始「耍社火」，也就是論語上說的「鄉人儺」。每天晚上，在廟前的廣場上，在大戶人家的打穀場上，許多人圍成一個圓圈，由村人扮成生丑淨旦各種角色，配合着樂器演奏的聲音，唱着各種曲調，還作着各種動作。演員觀衆，都是熟人，分外親切。照明用具，一般都用「排燈」。用木條釘成一個上濶下狹斗形的方框，四周糊上白紙，中間揷上臘燭，下面裝上一條一丈多長的木把，由一個人挑着。一場表演大約需要五七盞這樣的排燈，當然越多越好。除了在公衆場所演唱外，也應邀在人家的庭院中去演唱，邀請的人家，只要備幾碟小菜，幾壺黃酒，再賞一匹「紅」。「紅」是一尺寬一丈長的一條紅布。平常作爲恭賀人家結婚的禮物。社火通常要要到正月二十三，有些村莊直要到二月二。

「小年大十五」，正月十五元宵節，是過年娛樂活動的高潮。過年時，大家各自關起門來過。正月十五，大大小小都跑出來，一起同樂。過年以後，大人們閒着沒事，替孩子們紮花燈，用竹篾或高粱稈紮成各種形式的燈架，外面糊上白紙，再畫上各種花紋。有兎兒燈、公鷄燈、鯉魚燈、荷花燈……有些手巧的，作出來的花燈，眞是維妙維肖。一到元宵，掛在門口，或提在手中，村前村後炫耀。元宵前後，村民們常放「天燈」，用粉連紙作成一個口袋，袋口作一竹圈，圈上十字交叉作一竹架。倒轉過來，在架點上油捻子，經過燃燒之後，火力帶動燈罩，冉冉上昇，直入黑夜空際。各廟宇也都有花燈展覽。家庭主婦從十三起，又忙着蒸包子，做麵燈。麵燈是用糯米做的，顏色和味道都和臺灣的年糕一樣。只是做成各種動物形狀。頭上作一小池，挿上燈捻，注入麻油，點燃時就是一盞燈，點畢後，仍可食用。元宵節各神案前照例要點上麵燈。庭院中「天地三界神位」前照例要供一個最大號的猪頭燈。一些子嗣艱難的青年，晚上到子孫衆多的人家去，偷同那盞猪頭燈，小兩口背着人偷偷吃了。來年若生了孩子，便要做一個更大的去歸還。頭年有女兒出嫁，新姑爺也要在元宵節到岳家「點燈」。在庭院中搭一座高臺，上面擺上幾十層大小不同花色各異的麵燈，最上面擺一尊猴形燈。到了晚上，由新姑爺一一點燃，到了夜闌時，猴燈由新姑爺取下，背同家去，夫婦共食，據說這樣才能生兒子。其餘各燈，分送親友。那一家有新姑爺點燈時，親戚鄰居也做些燈來助興，擺得越多，越够體面。還有在灶君前也要擺上全家人的生肖燈，屬馬的供一盞馬燈，屬牛的供一盞牛燈。這種本命燈，供奉完畢後，必須自己吃了，以求吉利。

鞦韆是春節期中最受大衆喜愛的遊樂設施，過年以後，各村莊在適當的場所，架設鞦韆，供村民玩樂，有些孩子多的人家，在自家的庭院裏也架設一座自用鞦韆。平常鞦韆都是男孩子在玩。唯有正月十五晚上，家家婦女也走出家門，打一下鞦韆，據說這樣，可以除去百病。還有一種「磨輪子」，在廣場上豎一根柱子，柱子上裝一條橫板，好像直昇飛機的螺旋槳，橫板兩頭各裝一個吊架，玩的人坐在吊架上，由第三者推動旋轉，越轉越快，眞是驚險刺激。

打瘟神又是元宵節的另一精彩項目。在村口路旁用泥土塑一個跪姿人像。泥人內部掏空，生起火來，眼耳嘴鼻都冒出火燄，非常兇惡。正月十五晚上，男女老幼，都到泥人身旁去，用手去打。打他的頭，這一年就不會頭疼；打他的腰，這一年就不會腰疼；打了他那裏，自己那裏就一年不會生病。到了正月十七，把他搗毀，撒在路上，讓來往行人車馬踐踏，全村人將百病不生，大吉大利。古老相傳，這泥人代表宋朝害死岳飛的大奸臣秦檜，有的村莊還塑一個女泥人，代表秦妻王氏。打泥人就是打秦檜。由此可見中國老百姓對於賣國奸臣的憤恨。

元宵節是西北農村中的嘉年華會，最重要的還是「社火」遊行。這次不再唱「彌胡子」，而是裝扮成各式劇中人物，或踩「高蹺」，或擡「擡閣」，或騎馬，或騎牛，到各村鎭去遊行。隴東的高蹺，以高爲勝，彪形大漢，踩着一丈多高的高蹺，幾乎可以頂破天，休息的時候，一屁股就坐在屋簷上。擡閣是在一張木擡子上裝上鐵架，架上站着小孩，用劇裝巧妙地遮住鐵架。好像上一層的小孩站在下一層的小孩的手上、肩上，或是扇子上，或是笛子上，眞是驚險萬端，由幾十個人抬着或用車拉着前進。一樣也有舞龍、舞獅，只是不常見。常見的是「跑旱船」和「大頭和尙戲柳翠」。跑旱船是用紙糊一艘船，由一個化裝成坤角的人齊腰拿着，下面用布圍起來，再由一個丑角裝扮的船夫，手執木槳，在前引導，廻旋起舞。大頭和尙戲柳翠，由一個人戴上大頭假面具，身穿僧袍，手持芭蕉扇，另一個人化裝成柳翠小姐。二人周旋進退，作出許多令人發噱的動作。社火都由鑼鼓前導，後面跟着一個春官。春官身穿七品縣令服色，倒揷帽翅，肩上斜掛玉帶，畫白眼窩。由兩個年輕小夥子擡着一條挑東西的扁擔，春官斜跨在扁擔上，每到一處，都要說四句吉祥的詩句。鄉土本色，觸景生情，妙趣橫生。白水鎭各村莊的社火，十四十五，在臨近各村莊遊行，到了十六，都齊集在鎭上，各村社的男女老幼，也都全家出動去觀看，眞是「萬人空村」。鎭上人山人海，一年之中，從沒有一天比正月十六更熱鬧的了。本來嘛！元宵就是個出外遊玩節。十五晚上，家家男女老幼，都要走出家外去遊四門，以避瘟疫。十六又到鎭上去求福。

正月十六一過，年已經近了尾聲，可是有些人還不願意就去工作，繼續玩到正月廿三，一些臨時請來家裏過年的神，像天地三界之神等，都要送回去，家裏也恢復了平常的佈置。一晃到了二月二，誰也不能再藉口過年而遊蕩了。正月裏照例不准剃頭剪指甲，到了二月二，剃個「龍頭」，年也就過完了。

「二月二，龍擡頭，莊稼漢收拾務莊農。」要想尋樂，只有等待來年了。

清明前後

自然界有各種各樣奇幻莫測的顏色，多幾樣不顯得多，少幾樣不覺得少。唯獨沒有了綠，大地就一片死寂，了無生氣。隴東各地，一年之中，足足有半年時光，地面沒有一抹綠意，視覺上的飢渴，比缺飯少水還令人難耐。

年過了，正月十五也過了，孩子們沒有過節日的興頭了，却一心一意想着「綠」，殷切地盼望着春風吹綠大地。盼望的日子總是難熬的，尤其是小孩子，十九都沒有這個耐心。有些小孩子等不及了，便自己製造一些綠色出來。北平有句俏皮話，「水仙不開花——裝蒜哩。」隴東的小孩却把大蒜當水仙來養。選一些肥大的蒜瓣，剝去皮，用竹篾穿成大小幾個圓圈兒，放在盛滿清水的盤子裏，出太陽的時候，拿到避風向陽的地方去曬，太陽一下山，趕快拿進屋子裏來保暖，萬一天氣太冷，還澆上一些溫水，約莫一個禮拜，蒜瓣頭上便長出肥嫩的綠芽，慢慢地，越長越高，終於長成一叢綠葉。成爲新春室內最惹人憐愛的盆景。

趕到春風之前來報春訊的是河邊的垂柳。一般人往往把楊柳混爲一談，其實楊自楊，柳自柳。楊枝硬而揚起，柳枝弱而垂流。楊葉橢圓如卵，迎風蕭蕭，柳葉細長似眉隨風款擺。柳樹也有垂枝不垂枝之別。當嚴冬的時候，柳枝也和其他樹枝一樣，枯乾如柴，可是一過冬至，它便逐漸發生變化。暗灰的枝條上逐漸泛起一層暗紅色。「五九六九，沿河看柳」，冬至後四十五天左右，河邊的柳枝上已長出一小粒一小粒的葉芽，枝條也變得柔軟紅潤，款款隨風擺動。所以有「五九六九，沿河看柳」的說法。

過了驚蟄，冰消雪融，大地解凍，土膏微潤，河畔向陽的地方，一些性急的小草，偷偷地從泥土中探出頭來，向外窺視，遠看一抹鵝黃嫩綠，近看仍是一片枯灰，「草色遠看近却無」，正是這時候的寫照。每天的天氣，幾乎是千篇一律的，上午艷陽高照，地面上融化的冰水雪水，縱橫交流，一過中午，勁風疾作，太陽便提前收工，雖然還死懨懨地掛在那裏，却不肯放出一絲熱力。傍晚的寒風，仍吹得人打哆嗦。入夜以後，水面上還結上一層冰花。過不了多久，地面的冰雪越融越少，每個池塘裏都貯滿了清水，當風住塵息的時候，水面平靜光亮，活似一面鏡子，偶而一陣微風，立刻掀起一陣漣漪。「風乍起，吹皺一池春水」。人們的心中也盪起了陣陣漣漪。

二月（農曆）中旬，向陽避風而又水分充足的地方，已長滿綠草芽，山桃花含苞待放。麥苗開始泛綠，這是剜芨芨菜的時候，鄉村婦孺，提着菜籃，拿着小刀，爬在麥田裏找尋新出土的芨芨菜。尤其一兩陣春雨之後，芨芨菜又多又嫩。鄉下人不但自已剜來吃，還提到街市上去賣。夜雨後的清晨，春寒料峭。小孩子提着一小籃的茇茇菜，在大街小巷，高聲吆喝：

「茇——芽——兒菜！」

「小樓一夜聽春雨，深巷明朝賣杏花」，是江南初春景象，塞上小城，沒有揷花人家，只有賣茇茇菜的賤賣春光。無論如何，春天總是到了。

一般豪富之家，往往譏笑教書匠爲「廣文苜蓿」，殊不知苜蓿才是塞下農家的恩物，它是家畜的飼料，也是農家佐餐的主要副食。「苜蓿菜，蔓兒長，三月吃到九重陽」。一入三月，苜蓿開始長出嫩芽，農婦們把它割下來當菜吃，別有一番風味。這時候韮菜也長出一二寸長的嫩葉，綠中帶紅，活像野鷄脖子的顏色。用來炒肉，眞是香氣四溢。

天下美好的事物，多是倏然而來，戛然而去，來的時候轟轟烈烈，去的時候乾乾淨淨。隴東三月，是開花的季節，艷紅的桃花，雪白的梨花，滿山滿園滿樹，全是一片香雪海，全是一團錦繡世界。鮮花正艷的時候，連綠葉都是多餘的，所以桃李發花的時候，葉子只長出一尖嫩綠的新芽。倒是垂柳散披着華髮，在微風中擺動它那纖纖細腰。麥苗也不甘示弱，抽出兩三寸長的秧子舖綠了大地。燕子來了，鳥兒也叫得份外好聽。

穿了一冬天的棉襖，又笨、又重、又髒，而且上面還長滿了蝨子。一個冬天不洗澡，身上的塵垢結了一層皮，好像渾身打上石膏一樣，說多不自在就有多不自在。突然天氣暖和了，脫掉了笨重的棉襖，痛痛快快地洗一個澡，換上輕便的春裝，那種輕快舒暢，非身歷其境者，無法彷彿其愉悅於萬一。所以孔子與弟子言志時，曾皙是個老實人，不知不覺便把它當做人生的最大樂事。曾子說：「莫春者，春服既成，冠者五六人，童子六七人，浴乎沂，風乎舞雩，詠而歸」。朱子生長在南方，沒有這種生活感受。硬說是什麼「人欲盡處，天理流行」。夫子泉下有知，必喟然而嘆。

鄉下人的吃喝玩樂，都假借神的名義來進行。花紅柳綠，春光明媚，正是大好郊遊踏青的時光。清明節掃墓，藉着愼終追遠的正大名義，全族人扶老攜幼，穿着新裁的春衣，帶着祖先的祭品、自己的野餐，挑着五彩繽紛的掛錢，踏着青青草地，瀏覽沿途的山光水色，到祖墳上去，爲祖先的墳墓，除去雜草，添上新土。好多家族，都有專供祭祀用的公產。所有掃墓費用都由祭祀公產生息項下開支。公產多的，祭品便非常豐盛。清理好墓園，獻上祭品，上香化紙，還把那些五顏六色的掛錢，掛在墓園各處。一個人在世辛辛苦苦爲兒孫作馬牛，就是爲的他日死後有人來上墳。祭拜完畢，大家圍坐在墓前野餐，長輩們指着墳堆講些墓中祖先的事跡。玩得盡興後，才打道回家。晚上族中還有一場大宴，闔族老少一律參加，就是不請外人和出嫁的女兒。

柳絲越抽越長，柳枝上長出一層嫩皮，孩子們把柳枝折下來，把枝上的薄皮嫩葉一齊往下捋，直捋到梢頭，堆積成一團，雪白的枝頭，吊着一團嫩綠的新葉，挑在手裏，一閃一閃，好像剪剪翻飛的燕子，又像翩翩起舞的蝴蝶。選那小指粗細的柳條截成小段，扭上幾扭，把中間的木質抽去，皮筩的一端用小刀刮薄，含在嘴裏一吹，其聲「咪！咪！」，所以就叫做「咪咪」。村前村後吹起咪咪的時候，桃李已經開謝，柳絮隨風輕狂，楊花已經散穗了。鄉下人講究實用，桃李花是準備結果實的，絕不折下來揷在瓶中附庸風雅。倒是那些自然凋落的桃花瓣，收集起來，洗濯乾淨，和麵烙餅，旣清香可口又可以治病。三月底，榆錢滿樹，採集下來，可以生吃，也可以摻上麵粉蒸熟吃，還有洋槐花，更可以作成多種食物。香椿也來在人們的餐桌上湊上一角。

白天越來越長，好一個令人睏倦的長晝。

麥秀漸漸兮

呂氏春秋說：「天無私覆也，地無私載也，日月無私燭也，四時無私行也。」眞是一派胡言亂語。老天何曾公平對待過每一個人來？同樣是天地日月四時，爲什麼有的地方風調雨順，有的地方終年乾旱；有的地方氣候溫和，有的地方烈日酷寒；有的地方土地肥沃，有的地方土地磽瘠；有的地方草木茂盛，有的地方寸草不生；有的地方四時常靑，有的地方赤地千里；有的地方物產豐隆，有的地方一無所有。看來天地日月四時是最偏心不過的了。同樣是人，爲什麼有的生在富庶之地、溫暖之鄉，一生受用不盡；有的生在貧瘠之地、酷寒之鄉，終歲辛勤，仍不免忍饑挨餓，你說這算是那一門子的公道？人來到世上來，就得想法子活下去。那些生長在富厚之鄉的，自以爲得天獨厚，高人一等，便窮奢極慾，安享尊榮，全沒有個上進的心，所謂「沃土之民不材」，全是自己作踐的；那些出生在貧寒之鄉的，不能活活等着凍餓而死，自然要變法子活下去。一方面和大自然搏鬪，企圖改變舊環境；一方面和人搏鬪，希望遷入新環境。要搏鬪就得學習搏鬪的技能，還得鍛鍊準備搏鬪的體魄和毅力。這是生死存亡的問題，優勝劣敗，强者生存，弱者淘汰，誰也不會憐憫你，誰也不會替你說句公道話。這也是生存的權利，誰也沒有權讓你放棄求生的奮鬪。一部人類歷史便是人類爲了求生存和天、和地、和人、和神鬪爭的歷史。人類的每一次戰爭，那一次不是和爭奪生存空間有關呢？你說說看。偏心的老天爺居然厚着臉皮說他大公無私，那些使權弄詐的編造一些鬼神的混賬話，一口咬定天地神明無論如何作爲，都是大公無私，人只有懔懔膜拜的份兒。於是會說話的扮聖人，有權勢的訂法律，無非要人死心塌地認命。聖人要求別人「安分」，神要求別人認命，是誰給「聖人」賦予的「教訓別人守分的「本分」，是誰給神造的「給別人造命」的「好命」。在天地、鬼神、聖賢、帝王的悉心羅網之下，可憐的人們，在心理上形成了一個意識結，安土重遷，常守貧窮，甘心被宰。歷史上絕不會記載這些被劃出歷史圈外的卑賤可憐的生靈的。

在中國的地圖上有那麼一個小點。它代表了一個被遺忘了的地區，六盤山之東，涇水河谷，隴東平涼，涇川一帶。小時候我在那裏挨過餓、受過凍，後來飄流四海，夜夜夢魂還常繫在那裏。如今老了，一閉上眼睛，就會想到那裏的農人耕作的情形。那裏每年只有七個月的生長季節，雖然一樣也有麥（夏）秋兩收，但是同一塊土地上一年之中，種了麥子就不能種秋禾，種了秋禾便不能再種麥子。只有爲了輪作的原因，偶而一年可種作兩次，但收成實在少的可憐。土地爲人們效勞了幾千年，身上一點油水（肥分）早被榨得一乾二淨，人們還不放過它，還要窮兇極惡地敲骨吸髓。沒有人知道使用化學肥料，連可以變成肥分的一點枯枝敗葉也被人搜刮盡淨。僅靠一點堆肥，杯水車薪，無濟於事。無奈唯有用輪作的方式彼此挹注。自然界有一種奇妙的平衡規律，各種生物之間，此棄彼取，此取彼棄。有些植物專門以別一種植物所排棄的廢物作養料，它排棄的廢物又是另一種植物的養料。彼此互相挹注，地上萬物才能長遠生生不息。如今科學昌明，人們爲了眼前的利益，一再破壞自然界這種平衡的規律，眞是自掘墳墓。

西北土地貧瘠，同一塊土地上倘若長期種植同一種作物，時間久了，那種作物所需要的養分便呈偏枯現象，再繼續種下去，就會一無所獲，因之需要輪作來調劑。農人們雖沒有現代科學技術測量出它缺的是什麼，多的又是什麼？但是根據幾千年的經驗，都知道最有利的輪作順序。例如甲作物排棄的廢物正是乙作物最需要的養分，甲作物之後，改種乙作物，這種輪作叫做「順碴」。甲作物所需要的養分也是丁作物所需要的，甲排棄的也是丁排棄的，甲作物之後改種丁作物，這種輪作順序叫做「倒碴」，由於播種及收穫季節，各不相同，如何安排，眞是煞費周章。所以俗諺常說：「三年可以學會做買賣，三年學不會種莊稼」。隴東一帶，小麥於重陽以前播種，來年端節以後收割。秋作高粱、糜子等須於小滿以前播種，重九以後收割。若要輪作就必須靠豌豆、大麥、菜子、蕎麥、快熟糜子等作物來過渡。

秋作改種夏作，通常都種菜子、豌豆、大麥等。菜子秋收後立刻播種，長出部分嫩葉後，爲寒霜所摧毀，但是它的地下根仍保留於泥土中，來年再發芽生長。因爲西北冬季經常氣溫在攝氏零度以下，往往殘根都被凍死，來年便一無所獲。豌豆臺灣叫荷蘭豆，春季播種，夏季收成，根還可以製造肥料。只是豌豆的用途不廣，除了作騾馬的飼料外，人吃多了肚子會發脹。大麥也是春種夏收，同小麥同類，所不同的是大麥芒長，小麥芒短，大麥的收穫量和養分都比小麥差得多。另外還有能榨油的蕓薹似乎也是春種夏收，因爲很少種，如今已記不清楚了。夏禾田改秋禾田只能種快熟糜子和蕎麥。蕎花有白有紅，各種作物中，除罌粟外，就數油菜和蕎麥的花好看，蕎麥紅莖綠葉，一片紅花或白花，在缺少花卉的秋日原野上，一枝獨秀。果實作三稜形，外殼呈黑色，內瓤雪白。蕎麵爲僅次於小麥的精美食品。但是蕎麥性涼，最費養分，種過蕎麥的地養分消耗過多，再種別的作物，便難有好收成。快熟糜子全要碰運氣，萬一霜來的早，不但顆粒無收，還要賠上種籽、肥料和人工。

種麥子的田，一般都要在夏季一再翻鬆曝曬。夏天天還沒有亮，農夫們就扛着犂、趕着牛，到田裏去犂地。一手扶着犂把，一手拿着鞭子，口裏吆喝着，鏵尖深深地鑽進泥土中，「劈頭」掀起泥塊嘩嘩地向外翻，犂好之後，一道高隴，一條深溝，又筆直，又均勻。犂得越深，來年的收成越好。深耕易耨，中國人早在五千年前就懂得這個道理。翻起來的泥土，經過烈日曝曬之後，倘若來幾場「白雨」（夏季突然而來的陣雨），據說可以肥田。呂氏春秋六月紀云：「是月也，土潤溽暑，大雨時行。燒薙行水，利以殺草。如以熱湯，可糞田疇，可以美土疆。」所謂熱湯，指的就是這種白雨。幾場大雨之後，翻鬆的泥土，又堅硬如鐵，必須再翻。通常最少要翻兩次，翻的次數越多，來年的收成越好。到了八月中旬，泥土曬也曬够了，水分也吸足了，於是開始準備播種。先把田用「磨」磨平，「磨」就是耙，用拇指粗細的樹枝編成，長約六尺，濶二尺。前方光圓，後方有許多向外翹起的齒，橫放在地面上，人立在耙上，用牛拉着前進。田土耙過之後，便平平坦坦。「深耕淺種，强似上糞。」種麥時，用小犂犂出淺淺的一道溝，一人左手挾器盛種，右手握而匀撒於溝中。也有用「搖犂」的，兩個犂頭（文言叫耒，俗名叫鏵）並列於橫木之下，中間裝一小斗，貯麥種于其中，斗底空梅花眼，牛行搖動，種子卽從眼中撒下。種出來的麥子，一行一行，行列整齊，好除草，也好收割。種子撒下去後，再用耙（磨）磨平。過幾天就長出嫩芽。多麥在濃霜來臨前只能長幾根不到一寸爬在地面上的小葉子，千萬不能讓它長出莖來，倘若長的太高，嚴霜一殺，便會連根都凍死。所以小麥不能種的太早，也不能長得太快。萬一年前長得太快了，必須把牛羊放進去喫掉一些。重陽過後，所有植物都枯萎凋落了，只有麥田中還殘留最後一絲綠意。到了十月一，這最後的綠葉也枯死了，只是根還往地下長。

到了十一月，開始施肥。所謂肥料，不過是些動物的排洩物和草灰等所製成的堆肥。老子說：「天下有道，却走馬以糞。」在動物糞便中，以人糞肥分最高，鷄糞次之，豬糞羊糞又次之，牛馬糞最下。農家在家畜圈裏舖一層乾燥的細土，讓馬牛羊豕在上面大小便，過一段時期之後，大小便拉得差不多了，在上面再舖一層土，如此經過幾十天，累積到相當厚度時，把它挖起來，和炕下、灶下的取出來的灰，攪和在一起，堆成一堆，讓它發酵。到了多天農閑的時候，再翻攪一次，用大車運到田中，等到下雪之後，趁着雪尚未融化時，撒在積雪上面，一來防止積雪被風颺走，二來趁雪融化時肥分跟着滲入土壤，同時還可以保護麥苗的根不被凍壞。

「一九一芽生，九九遍地青。」從冬至這一天起，每隔九天，叫做一九。交九後，天氣雖然逐漸加冷，但是陽氣逐漸上升，植物開始在地下萌芽。過了二月二，首先冒着寒風爲大地塗染顏色的，是河邊的垂柳、向陽處的小草，和麥田中的麥苗。那種淡淡的、遠看近却無的一抹嫩綠，給人一種從長期蟄伏中復甦的生氣。麥田因夏季一再翻耕曝曬，所以很少雜草，有之也只是一些茇茇菜、苦苦菜，都是早春最好的野菜，婦女兒童，携小籃，執小刀，成羣結隊，到麥田中去割野菜。京劇「平貴回窰」中王寶釧所剜的青菜，大概就是麥田中的茇茇菜。春風越來越溫柔，春雨由沾衣欲濕到連緜不絕。麥苗一天一天不斷地茁長。到了清明，麥田中就可隱藏老鴰了。到了四月，麥苗高的可以迎風起浪了。無邊無涯的平疇上，一片綠海，微風過處，一波一波的麥浪，擴散、推展，一直延伸到無限遠處，一波未平，接着一波又起。尤其在初夏黃昏，竚立麥田中，讓微風吹動衣襟，看着那一波一波的麥浪，眞有飄飄隨風飛去之感。曾經有這麼一首卽景詩：「家住隴涇渭邊，時逢三月柳含煙，信風吹動一泓水，麥浪搖曳十里田。」這時候全要靠老天了。倘若五日一風，十日一雨，風調雨順，那末今年的收成就有指望了。

四月裏，麥子最怕三件事，天旱、冰雹和麥銹病。早在夏大禹時代，中國人就知道引水灌田。近幾百年來，隴東的老百姓，似乎忘記了這回事，完全是靠天吃飯。因爲地處中國大陸中心，春季東南季風很難送到這裏，經常乾旱的日子多，下雨的時間少。偶而下幾絲雨，那可眞是：「官吏相與慶於庭，商賈相與歌於市，農夫相與忭於野，憂者以樂，病者以愈。」「春雨貴似油」，春末夏初，倘若雨水充足，那眞是極樂世界。只可惜下雨的日子不常有，而乾旱却經常不請自來，來了一呆就是幾個月。草木槁枯，赤地千里。半年的辛苦，便白費了；冰雹更可怕了，四月裏，天朗氣清，艶陽高照，萬里無雲。到了正午以後，突然一朶兇惡的烏雲，從天外急馳而來，刹時狂風大作，冰雹像米粒、像豌豆、像蠶豆、像核桃，漫天撒下，路邊的石頭幾乎要被打碎，石碑上似乎都要打出幾個窩窩。那些細枝嫩葉，怎麼能經得起這種摧殘。立刻斷的斷了，倒的倒了，狂風一掃，地面上乾乾淨淨，又像十月隆冬一樣。農人們爲了對抗這無情的惡煞，想出了一種最迷信的科學方法。各村各社，都備有幾尊老式鐵砲，自己用柳枝和硫磺硝石製成黑色火藥。一到四月，大砲便安放在山頭上，砲口對天，由有經驗的老年人來觀察天象，一發現天際烏雲來意不善，便把砲口對着雲頭猛轟。說也奇怪，十有八次，會把烏雲轟散，即令不遠颺，也只不過變成一場暴雨而已；麥銹病是在小麥的莖葉上長出一層紅紅的像鐵銹一樣的東西。這種病傳播極快，不幾天，整塊麥田中的麥子都被感染上了，這一年的收成也就完了。

逃過了重重災難，四月末五月初，開始抽穗，那種像吸飽墨汁的毛筆一樣的穗子，直立在麥桿上，沒有多久，便開始揚花，小小的花朶散出淡淡的幽香，拜託老天，多吹微風，千萬不能颳大風。花落後，開始結實，新結的麥粒，外表碧綠，裏面裝滿一包白漿，咬在嘴裏，甜甜的，這時農人們的心也跟着甜甜的。「有錢難買五月旱，六月連陰吃飽飯。」五月的麥田，只需要太陽，千萬不能下雨。麥田中時時刻刻都在變化，麥穗麥葉都隨着時光都在變黃。前兩天還是一片碧綠，一夜之間，突然一片金黃。登高遠望，原野中金光閃閃，說多美就有多美。

麥子成熟的快，一熟就要立刻收割。俗云：「收麥如救火」，若稍遲緩，一陣風，一場雨，便全部報銷。就是沒有風雨，熟透的麥子，也會自動掉落。所以一般農家，都「帶青收一半，合熟收一半。」這時候，不知從那裏飛來的一種鳥，日夜不住地叫着：「旋黃旋割，白雨白豁。」五穀成熟叫黃。言其麥子一成熟，就要立刻收割，要不然，倘若下一場暴雨，一年的辛苦便白費了。農村中，家家種小麥，成熟的時間同在那兩三天，一時之間那來那麼多的人手從事收割呢？就是一個人突然之間長出十隻手也來不及，那可該怎麼辦呢？不知從什麼時候起，就流行着一種適時救急的辦法。小麥的成熟期，由東向西，有一定的時間表，而且決不錯亂。陝西咸陽附近大約四月末就開始收割，而甘肅六盤山下到五月底才成熟。於是乎就招致來一批跟着麥熟脚步行進的「麥客子」，這些人本身都是農人，自己家裏一樣也種有麥子。在四月中旬，秋禾下種夏禾尚未成熟的時候，帶着割麥的鐮刀，背着乾糧，多半是些乾饅頭和炒麵。一直東下，叫做「趕場」。趕到麥熟的地方，到固定的人工市場，等候地主約僱。那一天到什麼地方，有固定的時間和站口。割麥的工資是按畝計算的。天不亮，僱主和工人都到了市場，先經一番磋商，定出一個雙方都能接受的價錢，公布出來，於是各自紛紛僱請需要的人數，帶同去工作，並由僱主供給三餐和一頓點心。大批的麥客子在同一地點約莫停留一兩天，便向西前進。僱主在東方的市場請人，很容易請到，到西方的市場去請人，便比較困難了。因爲工人都不願走回頭路，那樣第二天找工作要多走一段路程。雖然小麥的成熟期有先有後，大約不會相差四五天。一個地方從開始收割到收割完畢，頂多也只有四五天。這批麥客子割到自己的家門口，便脫離隊伍，由工人搖身一變而爲僱主。那些早先收割好的農人，把自己家裏的工作收拾齊楚後，帶着工具，向西趕來，投入割麥工人的行列，所以工人永遠不會缺少。當天收割的麥子，當天就要運回打穀場，堆起來，上面作成屋頂形，覆以麥稭，以防下雨。麥子最怕潮濕，一經雨水浸濕，就變成麥芽糖了。

麥子收割完畢，便開始「碾場」。把帶稭的麥穗攤在場上，用牛馬拉着「碌碡」，在上面轉圈子碾，碾過一遍，翻過來又碾，如此反覆兩三遍，麥稭都碾成兩三寸長的短截，麥粒都和麥穗脫離，用叉把麥稭起去，剩下麥粒和麥衣（麥粒外面所包的那層外殼），收集在一起，趁着有風的時候，用木杴（木鍁）揚起，讓風吹動，麥粒較重，落在前面，麥衣和細芒則被風吹向遠方。麥粒選出後，再經曝曬之後，收入糧囤，一年的辛勤工作，總算圓滿達成了。麥稭再碾一次，收貯起來，作馬牛羊的多季飼料。有經驗的農人，由人家麥稭的多少就可以推知他家的收成如何。收割完畢後，立刻又犂地翻土，準備下一次的播種了。

麥客子趕場

「姑——姑——等。」「姑——姑——等。」四月艷陽天，村前村後，斑鳩不住地叫着。晴空中偶而飄過幾朵白雲，天藍得令人不敢正視。剛剪過毛的綿羊，卸下一身重裝，輕快地跳着叫着，母鷄帶着新孵出的小鷄，「咕——咕——」「吱——吱——」到處覓食。初長成蔭的樹蔭下，老狗正在假寐。老牛在新搭的涼棚下慢吞吞地嚼着青草。薰風吹得人昏昏欲睡。不知道那裏來得這麼多的麻雀，「嘁嘁喳喳」，吵個沒完。枝頭的蟬鳴告訴人們：「夏天來了！」

早熟的李子，已被採光。艷紅的、錦黃的、累累滿枝的杏子，惹得人饞涎欲滴。田裏，糜子已頂破地皮，高粱、玉蜀黍已綠蓋地面，麥穗上已長出一粒粒碧玉也似的麥粒，麥粒裏面包着一包清水，大地正日夜趕工釀造麵粉。

「旋黃旋割——白雨白豁。」「旋黃旋割——白雨白豁。」旋黃旋割鳥不時飛到麥田裏看看，又飛到村口叫叫。提醒人們，麥子一成熟，就要立刻隨卽收割，千萬不能蹉跎，稍一遲疑，萬一落下一場白雨(暴雨)，一年的辛苦便白白報銷了。傳說旋黃旋割鳥的前身本是一位書生，讀書不成，改行務農。麥子成熟了，太太催他趕快收割，他仍不改讀書人慢條斯理的老毛病，說：「急什麼？煮熟的鴨子難道還會飛，等熟透了，再割不遲。」孰料一陣白雨，再加冰雹，摧毁得顆粒無存。他後悔不及，一氣之下，上吊自殺。鬼魂變為飛鳥，每當麥子快要成熟的時候，便急得像熱鍋上的螞蟻，不住地在田裏視查，不住地在村口啼叫。叫得口角流血，叫得人心慌意亂。農夫們不住地擡頭望天，「老天爺！保佑！保佑！保佑千萬不要下白雨！」不住地低頭看地，「地神奶奶！快點讓麥子成熟吧！」人們都以等待孕婦臨盆的心情，既興奮，又緊張地期待着。

村口的大磨石上，小夥子在加緊磨鐮刀刃片。麥子莖稈細弱，用鐵鐮割，不但揮動費力，而且震動太大，容易把麥粒振落。割麥子都用木製鐮架，上面裝上薄薄的刃片。小夥子把刃片磨得飛利飛利，鋒利的可以剃頭髮。

農婦們把藏了一年的筱麥（燕麥），拿出來淘洗乾淨，放在鍋裏炒熟，磨成細粉。準備先生趕場割麥時，帶在身邊充饑。還有的人家，蒸了饅頭，放在大太陽底下曬乾，帶着路上做乾糧。小戶人家，存糧已盡，等不及新麥上場。把還沒有成熟的青麥粒，搓下來，煮麥仁稀飯。

太陽從東方出來，使植物生長的風從東邊吹來，麥子也先從東方熟起。麥子和北方人的性格一樣，躁急而胸無城府，乾脆俐落，絕不拖泥帶水。不熟就不熟，熟起來就像火燒一樣，立刻熟遍原野。昨天還是青青的，一夜之間，滿川遍野，一片金黃。而且立刻要割，稍一遲疑，一陣風，一場雨，便掉落盡淨。割麥子要大量臨時工，家家種麥子，家家的麥子都同時成熟，那裏去找那麼多的人工呢?基於事實的需要，一到麥季，涇渭河谷便出現一羣流動的割麥工人——「麥客子」。像候鳥一樣，準時由西東來，跟着麥子成熟的脚步，又逐漸西去。每個人身上都背着一袋「炒麵」，東路的人都叫他們「炒麵袋」。

「小滿」過後，該是東下割麥子的時候了。村子裏年輕力壯的小伙子，招朋喚友，五個一組，七個一幫，肩上搭着「褡子」，一頭裝着「炒麵」，一頭裝着鐮刀，順着西蘭古道，一直往東走去。道旁的楊柳，濃蔭覆地，白楊切切私語。旋黃旋割不住地催着前進!前進!奔馳的白雲也和人們比賽脚勁。剛離家門的時候，田野中還是一片碧綠，越向東走，顏色逐漸變黃，他們的心情越加興奮，他們本來就是追逐黃金色的一羣。一路上，肚子餓了，坐在樹蔭下，從袋子裏倒出半碗炒麵，加點水，攪拌一下，三兩口吃進肚子裏，再爬到河邊喝幾口涼水，咬一瓣大蒜，便算吃了一頓。晚上，隨便找個廟宇破窰，胡亂打個盹，村鷄一叫，又繼續登程。約莫走上四五天，便進入了黃金世界，金黃的陽光照耀在金黃的麥穗上，金光閃閃，照耀的人眼花繚亂，這是成熟的季節，也是收穫的季節，人們臉上流着汗，嘴角帶着笑，緊張興奮地忙碌着。連脾氣也變好了。

收麥季節，每隔五六公里，就有一個臨時市集，有的在鎮上，有的在廟院，有的在路邊大槐樹底下。天剛破曉，工人和僱主都聚集到集上，工人待價而沽，僱主想殺價求得良工，於是便展開一場舌槍脣劍，討價還價的馬拉松談判。地主出低價到處找願意屈就的工人，工人分頭找肯出高價的僱主。三個一團，五個一堆，東說說，西講講，吵得震天價響，就是談不攏，場子始終拉不動。眼看太陽升空了，僱主們心急如焚，工人們也不願再多躭擱時間。出錢的加一點，要錢的減一點，雙方成交之後，僱主便帶着工人離場回去工作。走過幾批之後，消息傳開了，這一天的標準工價便決定了，以後的人，就照着標準工價交易，場子拉動了，不一會兒，便走得一乾二淨，很少有叫不到工人的地主，也很少有找不到僱主的工人。供求雙方，年年如此，很少變動。工價都是按畝計酬的，割一畝算一畝，雙方兩不吃虧。

僱主工人都沒有組織，誰也操縱不了市價，完全由供求情況來決定。偶而有些耍拳賣藝跑江湖的，看準了地主迫不及待地急需工人，一天也不能躭擱，便挺身而出，實行「擋場」。派人把守住集場的出口，由武藝高强的首領，手執武器，在場中心高地一站，大聲宣佈這一天的最低工資，不到最低工資，誰也不許削價成交，否則武力對付。這時場上的空氣立刻緊張起來，僱主們也找出武功高强的打手，和「擋場」者談判，萬一談判不成，雙方大打出手，擋場者失敗了，自由交易，擋場者成功了，按他所開的價錢交易。每一次擋場成功，擋場者便在出口向工人征收「擋場費」。這種事情，幾十年也難得碰上一次。因爲對僱工和勞工都沒有多大好處，雙方都不歡迎。不過在中國勞工運動史上，倒是一個很難得的例子。

僱主對於工人，照例不供應早餐，直接把工人帶到田裏去工作，約莫十點鐘，供應一次早點，中午十二點，供應午餐，白麵饅頭，幾盤蔬菜，有時候還有幾片肥肉，一碗黃米酒。下午三點多鐘再供應一道點心，叫做「後晌」，都送到田裏去吃。晚上工作完畢，回到主人家的穀場上去，吃一頓麵條，叫做「喝湯」。

割麥子是一種農事藝術，黃金般的麥子，一行一行，行列整齊地長在田裏，割麥人前後排成行梯次隊形，每人負責三行，一手扶着麥稈，一手揮動鐮刀，「查！查！」，像疾風，如驟雨，割到相當份量，便把割下來的放在地上，等到後面的人割到這裏，把兩個人割下來的，加起來，用麥稈綑成一綑，割完後，滿地都是排列整齊的「麥綑」。主人家用大車運回打穀場，摞成一個一個大「麥摞」。等到全部割畢後再碾。

一天工作了，回到主人家的打穀場上，「喝完湯」後，開始結賬，先是麥客子首領和主人算清總工資，然後麥客子自己再行劈賬。主人家供給住處，免費寄宿一宵，第二天再向西去趕下一場。一個地方的麥子，兩三天內，便全部割光。麥客子經常以每天五至十公里的速度，向西推進。割到自己家門口，各自回家，反過來請別人爲自己割。東邊收割完畢的地方，一些年輕人趕上來塡補他們所遺留下來的空缺。

一年一度的割麥季節，一年一度的人工交流。農村季節性的勞工需求，便這樣輕易地解決了。

廟會

時間的洪流，滔滔不絕。有的地方，如三峽奔流，一瀉千里，有的地方，却似一泓死水，停滯不前。隴東這塊中華民族的發祥地，不但被遺忘於歷史圈外，而且更溢出時間的洪流。時間在這裡，只是日出日落，月圓月缺，花開花謝，寒來暑往。舊的一代凋落了，新的一代又接踵而至，新的一代身上還流着舊的一代的血，新的一代還過着和舊的一代相同的生活。新和舊只是形態的變異，脉絡上還是息息相通，一系相承。這裏就是周秦，就是漢唐，就是元明。古人雖然死了，只不過從家裏搬到墳裏，從衙門裏搬到廟裏。古和今混淆不清，人和神融洽相處。神的生活是人的生活的模式，人的生活是神的生活的投影。所有人的生活，無一不和神息息相關。

三月裏春暖花開的時候，平日冷冷清清的叢林古刹，頓時熱鬧起來。按照幾千年來一成不變的傳統，輪流擧行廟會。四鄉八社的男女老幼，趕着大車，騎着毛驢，推着獨輪車，或結伴步行，一路上熙熙攘攘，直奔廟會場所，爲了敬神，爲了看戲，爲了聚會親朋，爲了兒女相親，爲了購買日用物品，爲了求子嗣，甚至爲了娛樂自己。

够資格舉行廟會的廟宇，一定有一個戲臺，還必須有一片空濶的廣場。演戲酬神是主要節目，由經常在鄉間演草臺戲的流動戲班子擔任演出。有時候也會到縣城裏去請在戲院子演出的名班來表演。演出的時間由一兩天到八九天，全遵照往例辦理。每天固定演出兩場，午飯後到傍晚一場，晚飯後到深夜一場。戲臺前面留出一片空地，讓一般觀衆站立在那裏觀看。人的個子有高有矮，一些矮子擠在人堆裏，挾起脚後跟，拉長脖子，還是什麼都看不見。別人鼓掌，跟着鼓掌，別人叫好，跟着叫好。「矮子看戲何曾見，只是隨人道短長」，一般人對事物的看法，不過如此而已。廣場後面，搭一圈席棚，棚下排列桌椅，有賣茶的，也有賣酒菜的，這是爲有錢的財東特設的雅座，必須花錢才能坐上去。席棚的左右是一些賣小吃的攤位，有賣涼粉，有賣醪糟（酒釀）的，有賣油茶的，有賣麻花（油炸食品）的，有賣豆腐腦的，有賣大餅的，也有賣水菓的。鄉下人趕廟會都是吃飽了飯懷裏再揣兩個冷饅頭去的，吃點小吃不過解解饞而已，誰也不敢奢望用這些東西塡飽肚子。

鄉下風氣閉塞，習俗保守，禮敎森嚴，一般婦女，經常都是大門不出、二門不邁。只有遇到廟會，才套一輛大車，車上搭上席棚，到了會場，把車停在遠離戲臺的空地上，人就坐在車上，遙望戲臺上的表演。除了喧天的鑼鼓聲和戲臺屋簷外，什麼也看不見，什麼也聽不清。只不過借此出來看看熱鬧，解解悶而已。不過婦女們趕廟會事實上有兩個更重要的目的。爲兒女相親，向子孫娘娘求嗣。一粒種籽，撒到田中，發芽、抽莖、開花、結果之後，完成了一生的任務，自然凋謝，人生又何嘗不是這樣。撫養兒女長大成人，男婚女嫁，奉養父母，養老送終，對上下兩代都能做得毫無遺憾，便算是快樂人生。人活着也就只爲這些。傳說有一個少婦，感覺人生無聊，懸樑自盡。縣太爺前來驗屍時，發現衣帶上有封遺書，上面寫着：「天黑了，天又亮了；吃飽了，又餓了」。縣太爺一看，大爲震怒，把屍首拉下來，重打四十大板。人生就是一個過程，誰叫你另尋意義。兒女長大了就得爲他們婚配。如何爲兒子討一房好媳婦，爲女兒找一個好婆家，這是作父母的天經地義的責任。爲了兒女的終身幸福，必須千挑萬選，選一個最理想的配偶，萬一看走了眼，不但兒女一生痛苦，作父母的更要抱恨終身。那時候待字閨中的黃花大閨女，平日不出閨門一步，那裏能够知道她到底是個啥模樣，倘若貿貿然央媒說合，前去正式相親，萬一不中意了，那人家閨女的面子上可下不了臺。於是利用逛廟會的機會，由雙方親友安排，暗地裏觀察一番，這正是鄉下人的厚道處。男婚女嫁，最重要的目的是生兒育女，傳宗接代，繼承香火。倘若結婚幾年了，還沒有生一子半女，全家上下可眞着慌了。人類遇到自己無法控制的事情，唯有乞求神靈，差不多的廟裏都供有子孫娘娘，專管人間生育的事。娘娘的神座上，上下左右，塑有無數嬰兒。需要孩子的人家，趁着廟會的時候，齋潔沐浴，到神前虔誠祈禱，選一個自己喜愛的嬰兒塑像，拴上一根紅頭繩，據說這個孩子就會投胎到他家裏去。倘若明年眞得生了兒子，便要隆重地酬謝神明。通常都是演戲，廟會的戲由廟中主持按照常例花錢僱劇團演唱，叫做「寫戲」，這是常例。常例之外，如某人有特別事故，須酬謝神明，自己獨資花錢加演一天，這是額外進奉。窮人家加演不起一天，最少也得加演一兩折，以表心意。

廟會的最重要作用，還是提供臨時市場，進行各種交易。除了吃喝玩樂、日用百貨而外，每一個廟會，差不多都有它的重點貨物。春夏之交的廟會，大都以買賣山貨（農具）爲主，秋冬之交的廟會，大都以買賣家畜爲主。春季的廟會叫「山貨會」，秋冬的廟會叫「騾馬會」，夏忙後的廟會，大多純爲酬神，沒有特定貨物。

三四月的廟會上，滿坑滿谷，都是農家粗重用具，像掃把、畚箕、背簍、籮筐、篩子等，都是山中出產的毛竹或柳條編製的，木杴、叉把、木犂等木製農具，也都是山地的特產，此外鐵製農具像鐮刀、鋤頭、鏵、鏟等，也在廟會上大量供應。農村生活安定，各種用品的消耗量固定不變，農家都在廟會上買足一年的用品。春季的廟會可以說是農具交易會。

除了吃喝、看戲、購買用品外，當然少不了玩。耍拳賣藝的，拉洋片的，變戲法的，射轉盤的，套圈圈的，搖會的，看相算命的，五花八門，各有觀衆。有時候還免不了有賭博，蹲在地上擲骰子，搭了賭棚押寶，不過這種情形並不多見。尤其春季廟會，賭博一項，一般都懸爲例禁。

廟會上還有一種說善書的人，大概是「宣聖諭」的遺緒，一個人搬一條板凳，站在上面，沒有任何道具，口中唱一段、說一段，說的都是些忠孝節義、勸善懲惡的故事，和一些做人的道理，不收任何費用。筆者小時候逛廟會最愛聽這個。鄉下人的是非標準，道德觀念，行爲準則，都是這些說善書的人灌輸的。他們相信擡頭三尺有神明，神明無所不在，無時不在，神明獎善懲惡，最明察，最公正，「善有善報，惡有惡報，若要不報，時辰未到」。祖先的行爲直接影響子孫，積善之家必有吉祥，否則其祖先必有餘惡。積不善之家必有災殃，否則其祖先必有餘蔭。就靠着這些默默耕耘的播種者，中華民族的倫理觀念才能深植人心。

夏忙與秋忙之間的廟會，一般都沒有專業貨品交易，純爲酬神而開，這時正是瓜果成熟的季節，會上滿坑滿谷都是瓜果，可以說是瓜果會。

十月秋收完畢，秋高馬肥，牛羊茁壯，從塞外趕馬羣來販賣的馬販子也隨着雁羣來到，於是各地又展開一連串的廟會。這種廟會以買賣牛羊騾馬等家畜爲主，所以叫做騾馬會。家畜交易，買賣雙方雖然面對面聚在一塊兒，可是並不直接講價，由「牙子」從中說合。討價還價都不講出來，兩個人把袖筩拉長接起來，兩隻手藏在袖筩裏，用手語比劃。買賣雙方都不知道對方出的價錢，全由牙子從中搗鬼，一旦談判成功，才公開價目。農人們對任何東西，都以買進爲榮，賣出爲辱，有錢的富翁叫做「買主家」，克紹箕裘的子孫，講究得是一生買進多少，只要買進，就是吃點虧，也以爲划算。俗話說：「寧買虧心貨，不吃便宜嘴」。出賣牛馬的人，照例籠頭絕不賣人，留一個根，準備將來買進時再用。羊羣也在這時大批交易。

騾馬會因值農閒季節，農人剛收成完畢，口袋裏多少有幾個「子兒」，會上向例有「賭棚」供人賭博，一般都是押單雙的押寶，偶而也有推牌九和擲骰子的。一般正派人家的家長，都嚴禁子弟涉足其間。

從四面八方來的素不相識的各色人等，偶而相聚幾天，又飄然而散。進行的又是各種各樣的交易，沒有警察維持秩序，沒有法官判斷是非，一切維持秩序，執行法律的責任都由廟董來負責。照例在廟前空地上豎一根高竿。凡是抓到詐賭的，使假錢，賣假貨的，偷竊拐騙的，由廟董會審問確實，綁在高桿，用荊條狠狠抽打一頓，驅逐出境，便算完事。

美國有許多電影和小說，描寫美國早期的嘉年華會，其實嘉年華會和中國的廟會，性質和內容幾乎相差無幾。鄉村人家，終歲辛勞，遇到廟會時期，帶幾個銅板，逛一趟，算是一年中最大的享受。有一位朋友告訴筆者一個他親身經歷的故事。他家也算是地方上家道殷實的大財東。小時候他父親和叔父帶他去逛廟會。懷裏揣了幾個冷饅頭作爲午飯。啃饅頭的時候，他叔叔看他可憐。就說「豁着日子不過了，讓我姪兒享受享受！」花了半個銅板買了一個大白蘿蔔給他吃，因爲生蘿蔔太辣了，他吃得直流眼淚。他爸爸在一旁說：「好兒子！知道節省過日子就够了。不要難過，你就吃罷！吃一個蘿蔔還不至於把咱們家吃窮！」

近代經濟上大轉變之一，就是貨幣數量增加，物價昂貴。老人家常喜歡講太平歲月，帶三十文制錢逛廟會，又吃又喝又玩的快樂往事。今後，恐怕永遠不會有那一天了。

八月的農村

「二八月的羊，跑斷放羊娃的腸。」二月是生長的季節，雪消冰解，草木萌動。向陽處山窩裏的小草，偷偷地從剛解凍的泥土中探出頭來，在陽光的映照下，遠看一片嫩綠，近看卻一片枯黃，正是「草色遠看近却無」。整整五個月沒嘗過青草滋味的老羊，被這一片虛幻的綠色所誘惑，拼命地一山又一山地追逐，放羊的孩子追在後面，眞跑得肝腸寸斷；八月是成熟的季節，樹上的果子、田裏的莊稼、路邊的野草，都結實累累，放散出成熟的芳香。秋禾尙未收穫，麥田正待播種，羊羣除上山外別無放牧之處。可惡的老羊，被那些成熟的果實惹得饞涎欲滴，抽冷子跑出羣去搶禾穗喫，又累得放羊娃跑得上氣不接下氣了。

太陽發足了一夏天的威風，覺得沒有什麼意思了，早上不再那麼早起身了。倒是那些烏鴉、喜鵲、麻雀……却一大早就喧囂着飛向田野去享受豐盛的筵席。早起的農夫已在田中叱牛犂地。架上的鷄也下到院子裏吱吱咕吐的叫着覓食。豬圈裏的豬嚎叫着催主人來飼養。早起的牧童已把羊羣趕到大槐底上，羊叫聲、牧童的響鞭聲、鷄叫聲、狗咬聲，整個村子沸沸揚揚，活像一鍋翻滾的開水。鐵旦從夢中驚醒，一轂轆從炕上爬起來，胡亂穿上衣裳，到厨房裏揀兩個冷饅頭往懷裏一揣，腋下夾着鞭子奔向羊圈。圈裏的羊羣早已等得不耐煩了，一個個叫着、跳着，狠命向圈門口擠。門一打開，羊羣像開閘的水一擁而出。老黃狗悄悄來到鐵旦身邊，搖着尾巴，聽候差遣。鐵旦嘉許地摸摸老黃的頭，一同趕着羊羣來到大槐樹底下。羊羣會齊了，大家會商今天放羊的地點：

拴住說：「大溝裏有野鷄，有兎子，今天去大溝。」

進財說：「到張家窪裏去煨毛豆。」

鐵旦說：「去半山坡打胡桃。」

大牛是羊長官，他最後決定上南山。放牧處所決定之後，開始分配工作，大牛隨手在路邊拔起三根草莖，作成長短不同的三支籤，攥在手裏，叫大家來抽。拴住抽到了最短的一根，被分配在羊羣前面，領導羊羣行進，攔截那些超羣急進的份子，這工作在放羊工作中是最辛苦的。進財抽到次短的一根，理應在左邊，鐵旦抽到最長的一支，理應在右邊。這兩位便負責左右兩邊的防堵工作，防止羊隻逸出羣去偷吃田禾。羊長官自然跟在羊羣後面趕。在放羊娃的行話中，前面的人叫「攔」，左右兩邊的人叫「幫」，後面的人叫「邀」。工作分配停當之後，一聲吆喝，幾響鞭聲，羊羣便浩浩蕩蕩地向南山前進。

「飽牛餓羊饞似狼。」黃牛當肚子飢餓的時候，一味地埋頭吃草，根本不必牧童來照料，一且吃飽之後，便東奔西跑，專門挑田禾來糟塌。羊羣正好相反，飢餓的時候，拚命搶到前面搶吃好東西，等到吃飽之後，就乖乖地站在那裏。經過了一個夜晚，羊兒的肚子餓得癟癟的，口中饞涎欲滴。當羊羣經過田邊時，那些狡猾的饞羊，抽冷子溜出去搶田禾吃，趕回這隻，那隻又跑了。氣得兩旁防堵的牧童，又喊又駡，幾隻牧羊狗也馬不停蹄地幫着追趕。無奈餓羊太狡猾了，趕回了這隻，又跑了那隻，眼看隊伍大亂，行將不可收拾。大牛到底是羊長官，鞭子兩甩，幾聲怒喝，那些狡猾的老羊便乖乖地鑽進羣中，隨隊前進。

到了山上，太陽還在山背後打呵欠。青草上滾動着亮晶的露珠兒。雪白的綿羊散佈在綠草叢中，好像一池綠水中漂浮着朵朵白蓮。偶而幾片浮雲從山腰飄過，叫人分辨不清，那朵是雲，那朵是羊。太陽從山背後露頭了，像一塊橘紅的大圓盤，好大，好大。不住地往上跳躍，幻變出無數個影子，眞是霞光萬道，瑞氣千條，整個東面半邊天都被燒紅了。西方天際還有幾顆殘星孤伶伶地掛在那裏。山下廣濶的原野上，一塊塊方方正正五顏六色的田畦，像拼花地板一樣：深綠色的高粱頂上冒出深紅色的禾穗，活像一塊塊碧玉上蒙了一層紅絨布；泛着一團金黃穗兒的糜子，又像一大塊一大塊的「田黃」印石；紅白相間的蕎麥花燦爛奪目；一畦畦整治平整的麥田，把這許多色彩分隔得份外有趣。那紅的火紅，綠的碧綠，黃的金黃，白的雪白，就是那最善於調和色彩的畫家，也不能彷彿其萬一。

太陽爬上了半天空，羊兒一個個都吃得肚子滾圓滾圓。有的還在有一口沒一口地吃草，有的索性站在那裏發呆，有的捉對兒互相牴觸嬉戲。蟬的叫聲不再喧嘩了，蟋蟀却大吵大鬧。放羊娃到了這時候才鬆了一口大氣，坐在山頭上拿出冷饅頭來啃，吃完了，連黏在手指上的碎饅頭屑都舔得一乾二淨，爬到山澗邊低下頭去，喝幾口清涼沁脾的溪水。窮鄉僻壤中的孩子慾望簡單，勉强塡飽肚子，便別無奢求。「吃飽了！喝脹了！財東家的娃娃一樣了！」人眞是一種奇妙的動物，只要有一口氣在，肚子又不太餓，就會生出各種方法來玩樂。富有富的玩法，窮有窮的玩法，花費雖然有天壤之別，但對玩樂的人所產生的快感，却無二致。富家子弟玩昂貴的玩具，窮人家的孩子玩爛石頭碎瓦片，在各個小心靈中所獲得喜悅，並無軒輊。而且憑自己的本事造出來的玩具，還另有一種創造的滿足感。八月的放羊娃，擁有一支響亮的麻鞭，便等於擁有全世界。

麻有青麻和黃麻之別，黃麻幹細而直，很少歧枝，專供製麻之用；青麻幹粗而歧枝較多，除製麻外，種籽還可以榨油，可以燃燈，也可以食用。隴東的農夫，通常都在高粱田四周種一圈青麻，植株很密。到了七月下旬，麻剛放花的時候，間隔拔下一半來取麻，過此以後，麻質變老變硬，便不能再製麻了；剩下的一半，讓它結實，因爲植株稀了，通風和日照都比較良好，果實才能豐滿。漚麻是農村裏一件歡樂的事。在溪旁挖一個長方形的深坑，把收割下的青麻除去綠葉和嫩枝，平放在坑中，用巨石壓牢，由上方引溪水入池，裝滿之後，再由下方放出，使池中的水經常流動，約莫兩三個禮拜，表面上脆嫩的皮質腐爛後隨水流去，只剩下堅韌的纖維附在麻幹上。

撈出來晒乾，剝下纖維，便成了作繩索的麻。這種方法由來已久，詩經陳風東門之池章：「東門之池，可以漚麻。」可見作詩經的時代，已經這樣漚麻了。還有後趙的石勒，小時候在上黨武鄉作百姓，和鄰居李陽爭漚麻池，曾大打出手。後來石勒作了皇帝，邀請武鄉昔日的老朋友到他的國都襄城去歡聚。李陽心念舊事，不敢前往。石勒對衆鄉親說：「李陽壯士，爲什麼不來？當年爭漚麻池是作老百姓時的事情，孤如今以誠信待天下，那裏還會記一個平民老百姓的仇？」派使者把李陽請去，一同吃酒玩笑。石勒抓住李陽的膀子說：「孤往日厭卿老拳，卿亦飽孤毒手。」草莽英雄，自有他坦率可愛之處。七八月裏，「漚麻入南澗」，眞是農村一大盛事。漚麻的季節也就是放羊娃作麻鞭的日子。放羊娃的鞭子別是一種款式。鞭把不足六十公分，鞭身却有三四公尺長。樣子和美國西部牛仔的皮鞭有點相似。鄉下人家，愛惜物力，麻雖然家家種的有，可是拿來給孩子們作鞭子玩，都沒有那麼大方。孩子想要作支麻鞭，搜集麻料，眞是煞費苦心。撿要，在剝過的麻幹上找剝下的少許殘餘，甚至於偷。搜集齊够用的麻料後，抽工夫搓成細繩子，然後用細繩綯製鞭身。有圓形的，有三稜形的，有四方形的，還有六稜、八稜形的，全看各人的喜愛及綯製技術。鞭身一律都是上粗下細，鞭身上部粗若鐮把，鞭梢子却細若錢眼。麻鞭不但樣子要好看，最重要的還要甩起來聲音響亮。作出一支外表漂亮而聲響宏大的鞭子的人，立刻成爲孩子心目中的英雄，羨慕崇敬的眼光永遠圍着他。鄉下人絕不肯花工夫爲孩子作玩具，不是他們冷酷殘忍，他們只是不願剝奪孩子自製玩具的樂趣罷了。放羊娃經常站在山崗上，大甩麻鞭，響亮清脆的鞭聲，引起山鳴谷應，往往隔幾重山都能聽得到。這座山頭上的放羊娃打起響鞭，對面山頭上的放羊娃絕不示弱，也拿起鞭子來甩，一定要分個高下。不但手中甩鞭子，嘴裏還不乾不淨地叫駡：

「哦！儿！對，對不過了跟你媽睡。」

空曠的荒山裏，響亮的鞭聲、粗獷的喊叫聲，響徹雲霄。天是那麼蔚藍而高遠，偶而幾片白雲悠然飄過，一隻老鷹在無邊無際的晴空裏盤旋遨遊，還不時發出「噓！溜溜！」的尖銳叫聲。早來的雁羣已開始在晴空裏整隊前進。俯視大地，無涯無際。令人不禁想起斛律金的敕勒歌：

「敕勒川，陰山下，天似穹廬，籠蓋四野。

天蒼蒼，野茫茫，風吹草低見牛羊。」

太陽快昇到中天了，它的餘威仍令人汗流浹背。羊兒的肚子一個個都滾圓滾圓，村子裏的炊煙嬝嬝上昇，有時候筆直如鐵線，有時候又隨微風擺動似遊龍。耕田的農夫已收工回家，樹上的鳥兒也停止吵叫。牧童更是玩得精疲力盡，肚子餓的口裏開始冒酸水了。於是一聲吆喝，趕羊下山回家。羊羣到了大槐樹底下，牧童們高聲大叫：「嗸嘮！嗸嘮！」各家的羊兒便各自認路回家。等到太陽偏西時，再度趕出來牧放。

羊羣下山，耕夫回家，老狗爬在門口打盹，唯有永遠吃不飽的鷄還在「唧唧！咕咕！」。廚房裏主婦正在忙着準備午飯，老爹蹲在屋簷下有一口沒一口地吸着旱煙袋。中秋節前，場裏的麥子已經打完，秋收尚未開始，瓜果都已熟透，天氣不冷不熱，再窮的人家多少還有些塡肚子的東西，眞是一年中最美好的季節。

農人們永遠謙虛爲懷，從沒有把自己的努力當一回事，偶而風調雨順、收成略好，全是神的庇佑，要感謝神恩；要是風雨不時、收成全無，一定是自己什麼地方作錯了事，惹神發怒，更要虔誠膜拜，求神開恩。神永遠是對的，無論作好作歹，都該享受供奉。人永遠是錯的，永遠該死，只要有喘一口氣的閒隙，就得立刻答謝神庥。七八月因此也成了謝神的季節，各村各鎭，不是「跳神」，就是「演戲」。「跳神」可能是薩滿敎的風俗，故都旗下婦女多有行之者。隴東却由世襲的男法師扮演。通常由七八個人組成一團，定期輪流到各村莊演唱。他們的主要的道具是單面皮鼓。一個直徑約五十公分的鐵圈上，蒙上一層羊皮，圈下有支約十五公分的把手，把手下端有三個小鐵圈，圈上各裝幾個鐵環。舞弄時，一面用柳條擊鼓，一面執鼓的手不住抖動，鼓聲砰砰，環聲嘩嘩。法師們引喉高歌，俯仰進退，跳躍嚎叫，形同瘋顚，所以人們常說：「跳神的是瘋子，看跳神的是瓜（傻）子。」除此之外，還穿揷些玩「扯鈴」、「七巧板」、「木猴上樹」等民俗技藝雜要。要麻鞭是驚險的玩藝兒，一支長約兩丈，粗逾兒臂的巨形大鞭，由光膀子的大漢拿在手中，舞得呼呼風響，還不時發出懾人心魂的響聲，嚇得孩子們紛紛往圈外逃。跳神的最高潮是活人獻祭。由一個人頭上綁着摺子，勾紅花臉，嘴裏噙着兩支大虎牙，光膀子站立祭桌上，用鋼針穿過腮幫子，手執一把明晃晃的鋼刀，往自己的脊樑上亂砍，砍得血花四濺。法師們用祭神的「黃表」（一種祭神用的黃紙）醮着鮮血焚化，表示把這個人已當作犧牲奉獻給神了。跳神是一種世襲的行業，子孫世代相傳。那一天在那一個村子演，都有一定的日子，到時候不請自來，無論遇見什麼意外事故，都不能改期。法師們要想洗手不幹，只有一個方法。把跳神用的服裝道具和脚本，收拾齊楚，駝在驢背上，把驢趕出去，讓牠隨意遊蕩，要是誰撿去了，誰就得繼承這個行業。當然作這個行業也非無利可圖。每個村子除了管吃管住外，還送一筆酬金。鄉村中沒有什麼娛樂，跳神便成了重要節日。家家戶戶攜老扶幼，前來圍觀，一些串村子的小販，也趕來湊熱鬧。倒製造了不少歡樂氣氛。較大的村莊還要演戲。八月的廟會不同於春天賣山貨的廟會，也不同於冬天的騾馬會，純爲酬神而演。這時節，天氣不冷不熱，瓜果正多，夏收尚未吃完，秋收又已在望，所以歡樂氣氛特別濃。通常都是下午演一場，晚上演一場。演得無非是些忠孝節義的故事。當然廟會上少不了賣小吃和雜貨的。農閒期間，熱鬧幾天，也可以調劑身心。

秋夜，份外令人留戀。太陽剛落西，月亮便已昇上東山。塞上雲霧少，月亮本來就比別處明亮。尤其秋天夜晚，地上沒有一點灰塵，空中纖塵不染。晴空萬里，一碧如洗，皎潔的星月，像剛出水的芙蓉，那種聖潔，那種冷艷，世界實在沒有別的事物可與比擬。晚上喝湯（吃晚飯）後，大人們多半都去睡了，小伙子又展開別有情趣的冒險。「看瓜」和「偷瓜」是單調的農村生活中最刺激的事了。

七八月瓜果成熟的時候，農人都在果園瓜田搭建「窩鋪」，住在裏面看守瓜園，防小偷，也防貛和田鼠。「窩鋪」是瓜農搭在瓜地頭上的茅篷，用樹枝作架，上面覆蓋草蓆或茅草，西北地寒，地上不是鋪麥稭就是懸空架一層本板。看瓜是工作，也是娛樂。在寂靜的夜晚，在杳冥的原野裏，獨處草棚之中，猶如置身太古時代。那種新鮮刺激，只有經常在曠野露營的人，才能領略個中滋味。貛是一種穴居的小野獸，尖嘴巴，短短的四條腿，渾身胖的像一團肉球，跑起來像是在滾動，晚上常喜歡出來破壞瓜，田鼠也是瓜的大敵人，常常在成熟的瓜上咬一小洞來偷吃瓜瓤。看瓜的人每隔一段時期在田中走動一圈，以驚走那些爲害瓜果的東西。

農村裏的半大小夥子，有的是用不完的精力，時時刻刻都想找點刺激來調劑單調的生活。晚上喝過湯（吃晚飯）以後，鍘好草，餵好牲口，把家裏事情都安頓「窩爺」（妥當）之後，約幾個伙伴，偷偷溜出村去。上弦月一幌即逝。天空滿天星斗，地上蟲聲唧唧。點點螢火在低空亂舞，晚風吹得高粱葉子窣窣作響，再加白楊蕭蕭。夜景眞的有點令人發抖。幾個人在田野中，躲躲藏藏，蛇行龜伏，偶而風吹草動，不由自主地毛骨悚然，眞是「風聲鶴唳，草木皆兵。」青紗帳是最好藏身之處，也是豺狼狐兎棲息之所。黑夜中在高粱地裏摸索前進，突然淅瀝嘩啦一陣亂響，高粱幹紛紛向兩邊傾覆，不得了，不知什麼怪獸來了，一顆心差點從嘴裏跳出來了。定定神，仔細一想，也許是夜眠的兎子被驚動了，放腿直奔。騷動平靜了，聽聽四面都沒有什麼響動了，再繼續向前。夜遊的貓頭鷹掠空而過，叫聲份外淒厲。穿過一片一片的高粱田，跑過準備種麥的空地，好容易來到了瓜田邊。先探頭看看動靜，確定看瓜人沒有在，這才匍伏疾進，爬進瓜田裏去雙手摸索，滿地都是滾圓的香瓜，有大的，有小的，有生的，有熟的，遵照傳統，偷瓜的人一次只能偷一個，所以選擇起來，煞費周章。選了這個，捨不得那個，千挑萬選，選中一個滿意的，摘下來，拿着就跑，一逃進高粱地，便算初步安全了。即或被看瓜的人發覺了，黑夜中也不會鑽進青紗帳裏來捉賊。就怕帶得有狗，一旦被釘上麻煩可就大了。穿過幾塊高粱田，走過幾塊空地，距離瓜田遠了，找一處四周隱蔽的空地，坐下來，拿出斬獲的勝利品，往石頭上一敲，立刻香氣四溢。於是低下頭來張大嘴巴，狼吞虎嚥，吃得滿頭滿臉都是瓜汁。吃完了，肚子也撐脹了。躺在草地上，仰望一天繁星，靜聽四野蟲鳴，這時連話都懶得說了。

月亮由一彎細眉逐漸加粗、加滿、加亮，銀河越來越淡，最後滿天只剩下玉盤也似底一輪明月，整個大地上都撒上了一層無形的銀紗，地面上一切東西都似浸在透明的水銀中。只有結婚禮堂上最美麗的新娘的臉才可以和中秋的月亮相比擬，但是新娘子的臉絕沒有中秋的月亮那麼皎潔、恬靜、神聖莊嚴。中秋是成熟的季節，一切飛禽走獸都長得豐滿肥美，各種植物都熟透欲滴。功成名就的滿足，歸老林下的恬淡，差可比擬。沒有春日的繁華，沒有夏日的旺盛，沒有冬天的枯寒，到處瀰漫着寧靜澹泊的氣氛。中秋節也是靜美的節日，沒有喧天的鑼鼓，沒有吵人的鞭炮，不宰猪羊，不設三牲。也不焚化紙錢。幾品梨棗清供，幾十個自家烙製的月餅。靜靜地供在皎潔的月光下，三支線香，細煙嫋嫋上升。鄉村人家買不起「廣式」「蘇式」月餅。自家用麵粉烙製。先在麵粉中和進香料，烙成由大而小幾十種不同規格的麵餅，有的用棗泥、胡桃作餡，有的裏面什麼都不放，有些手巧的主婦還別出心裁，作成各種形像。沒有餡的餅烤的很乾，小孩子常用繩子穿起來掛在牆壁上，可以保存幾個月不壞。

中秋節一過，雖然還在八月，可是大地景觀却一天一個樣子，秋風起兮雁南飛，不能像候鳥一樣遷徙的人們，只有準備忍受寒多的苦難了。

拉差

「糧子來了！」鷄不敢飛，狗不敢叫，嚇得連嬰兒也不敢哭啼。霍亂、蝗蟲、冰雹、旱魃、糧子，是農村的五大煞星。兇燄比閻羅老子還高一丈。閻王爺要人命，一個一個挨次來，五煞則不分青紅皂白、大小統喫。

俗語說：「賊是梳子，兵是篦子。」土匪來了，只揀貴重的大東西搶，剩匪的兵爺，却小大靡遺，連骨頭帶肉一齊吞。戰亂的時候，老百姓遭殃，理所當然，不足爲怪。就是平常「太平歲月」，只要過一次「糧子」，比遭一次蝗災還慘痛百倍。蝗蟲只吃莊稼、野草、樹葉，不征糧草，不吃鷄犬，不拉牛馬，不拉丁，不拉伕。「糧子」却無所不取，無所不爲。

在軍閥割據的那些日子裏，不管是誰，只要披上一身老虎皮，便可以予取予求，爲所欲爲。那時候，農家貯存的糧食，除了酌留少許眼前吃用者外，其餘都要窖藏起來。在住屋的地下，挖掘一個甕形的大坑，四週揎上草稭，把糧食裝在裏面，上口再用泥土封閉起來。西北地勢高亢，雨水稀少，一般地下都不很潮濕，把糧食埋在地下，通常可以保存一兩年。時間再久，也就腐爛了。有些幾百年的老窖，埋藏的糧食都化成綠灰。考古學家在安陽挖出來的綠灰，就是這樣的。「糧子」來了，首先殺鷄屠狗，大快朶頤。老百姓一發現路上有糧子經過，急忙把鷄狗藏起來。所以鄉下人常說：收稅的衙役來時，逼得鷄飛狗跳牆，糧子來時，鷄不敢飛，狗不敢叫。糧子除了征草征糧、吃鷄吃狗外，還强拉正在工作中的車馬去作運輸工具，拉老年人去作伕子，拉壯丁去當兵。牛馬車輛被强拉去，運送到了地頭，運氣好還會放回來，伕子挑東西挑得精疲力盡，狠揍一頓，也就放了。拉去當壯丁，却永遠沒有放回的日子。

每當「過糧子」的時候，農人下田工作，都派了探哨在路上守望，遠遠看見「糧子」來了，吆喝一聲，正在工作中的壯丁得到信號，立刻趕着牛馬往深山裏逃，這時候眞恨爹娘沒有多生幾條腿。要想出門，先打聽清楚路上沒有「糧子」，才敢上路。一般都挑選冷僻的小路走。小路上雖然土匪多一點，但是沒有「糧子」，遇上土匪，大不了損失點財物，遇上「糧子」，弄得不好，說不定連小命都會賠上。

因爲「糧子」的威風太大了，於是便滋生出一些狐假虎威的「假糧子」，他們身穿「二尺五」，作得孽比「眞糧子」更大。記得我八歲的那一年，年成不好，到了臘月三十，年貨還沒辦齊。無奈把家中殺得年豬，分一半拿到鎭上去賣。我和父親，牽着小毛驢，駝着豬肉，趕到鎭上，賣去了一部分豬肉，辦了些年貨，爸爸叫我先用毛驢把年貨運回去，他自己留在鎭上賣剩下的一部分豬肉。我牽着毛驢，和鄰居一同往回走。半路看見了一個穿「二尺半」的「老總」，雙手空空，迎頭走來，這時候，平常是不會有「糧子」的。怎麼這回偏偏遇見了鬼。我嚇得渾身直打哆嗦，鄰人們都嚇白了臉。「老總」氣勢洶洶地走上來，一把抓住籠頭，順手一推，把驢背所馱的年貨，推下來，唏哩嘩啦，散了一地，帶轉驢頭，騎着就走。我死拉韁繩，跪倒塵埃。哭求他不要拉走我的毛驢。驢子受了驚嚇，一步也不敢走。老總發火了。跳下驢來，劈哩叭啦，賞了我幾個大耳光，還外帶一脚。疼得我滿地打滾。鄰居們幫着說好說歹。老總這才住了手。承蒙鄰居的好心，幫我撿起散落地上的年貨，分別捎帶回家，我則牽着驢送「老總」一程。

大年卅兒，急景凋年，一過中午，路上便不見行人。我八歲大的一個稚齡童子，牽着一頭瘦弱的小毛驢，驢背上高踞着一個廿多歲的精壯大漢，背負着夕陽，向東行去。我懇求「老總」，天快黑了，我還要回去，前面已沒有多少路，他步行比騎驢還快，就請他積積德，放我回去，再晚了，我就回不去了。他騎在驢背上，操着下江口音，罵道：「肏那媽的×，你回去不回去，關老子的屁事？還不快走，小心老子宰了你！」六十華里的路程，好容易走完了。進了涇川縣城，那裏並沒有什麼兵營，只由縣衙門的後門進去。原來「老總」只是縣太爺從家鄉帶出來的廚子的少爺。把「廚少爺」送到府上，天已黑了。回程還有六十里的路程，大年夜，又不好向人家借宿，只得把頭皮一硬，牽着毛驢摸黑上路。

天上無月無星，黑暗像魔鬼一樣從四面八方一齊湧來，北風像鬼一樣地嚎叫着，一團飛蓬像野狼似地疾奔而來。沒出息的驢子，一受驚就四脚叉開，吧嗒吧嗒直拌嘴，半步也不肯前進。我渾身毛髮直立，四肢癱瘓，牙齒捉對兒廝碰，只恨地下沒有窟窿好鑽。極端的恐懼，使我忘了塞冷，也忘了饑餓，只有渾身戰抖。就這樣一步一步地挨到天亮，到了外公家門口，一跤跌倒，便昏了過去。

我人事不知，發高燒，說囈語，足足昏迷了七天七夜，好容易從鬼門關口逃脫歸來。直到五十年後的今天，一想起來，還渾身發抖。

隴東農民的生活

六盤山下，涇汭之間，是我生命的起源地，也是我思想的發軔點。幾十年來，闖南走北，浪跡天涯，可是我的心却永遠繫牢在黃土高原的白楊樹上。無論走到那裡，無論看見什麼事物，我總要拿它和故鄉相關的情景來對照比較；無論讀什麼書，我總要拿故鄉的事實來參證研究。因爲故鄉太缺少水了，所以我一生酷愛流水，不管是長江大河，不管是清泉小溪，只要是水，就會令我低徊不捨，甚至連八七水災逼我躲上屋脊的洪水都不討厭；故鄉沒有森林，所以我更愛樹，只要有一堆土、幾滴水，我就想植樹，假若我做了立法委員，我會製訂「砍樹如殺人之罪」的律令。故鄉交通閉塞，所以我喜愛一切交通運輸設施，因爲我曾經在隴東親眼看見因爲浪費了二兩鹽急得去上吊的人，也曾經親眼在嘉峪關外看見任人自由採取的廣大鹽田。幾乎凡是白紙上印黑字的東西我都樂意去閱讀，可是一旦發覺和故鄉生活毫不相干時，便怎麼也看不下去了。人人都喜愛紅樓夢，我却讀得趣味索然。因爲書中人物的生活感情都是脫離現實的空中樓閣，十幾歲時偶然看到天工開物，便如獲至寶，直到今天仍寵愛不衰。這雖然是一六三七年的書籍，可是書中的生產技術和故鄉一九三七年一模一樣。讀到西漢趙過的代田法，我便聯想到故鄉種植高粱，讀到東漢氾勝的區耕法，我彷彿看見故鄉父老種植茄子南瓜。我是一邊念着「天下有道，却走馬以糞。」一邊背着糞簍檢馬糞長大的。我研究中國經濟史的興趣是從作「放羊娃」時跟在羊屁股後面發生的。我喜愛歷史，但是對宮庭陰謀，英雄傳記，却不感興趣，我只想知道幾千年來廣大的民衆是怎樣生活的。當我在華清池入浴的時候，怎麼也聯想不到「溫泉水滑洗凝脂」的綺麗風光，但是當我站在長安城外的枯河床上時，却自然而然地會想到「八水繞長安」的盛況。過去中國讀書人是置身於生產活動之外的另一種人，他們不農、不工、不商，他們是一種純消費動物，他們所紀錄的民衆經濟活動，大都是「牧童騎在牛背上，短笛無腔信口吹。」在中國史籍中多的是帝王將相，却很少看到活生生的平民。這裡我願意先描述一下六盤山下涇汭之間，民國十七年到二十七年的面貌，從這個基點出發，上溯到五千年，嘗試探討這期間我國一般人民的經濟生活歷程。

一、飢渴的大地

「黑水西河惟雍州，弱水既西，涇屬渭汭，漆沮既從，澧水攸同。荆岐既旅，終南惇物，至于鳥鼠，原濕底績，至于豬野。三危既宅，三苗丕敍。厥土惟黃壤。厥田惟上上，厥賦中下。」

——尚書、禹貢

我也相信禹貢不是禹時作的，但是最低限度，到了戰國，的確已有了這篇文章。它裡面所記載的事物，在戰國及以後的秦漢時代，都是十分可信的。禹貢九州中，按照土地肥沃的程度分爲九等。揚州下下，荊州下中，梁州下上，兗州中下，冀州中中，青州、豫州中上，徐州上中，唯有雍州一州，田惟上上。這全國最肥沃之區，西起黑水，東至西河，包括涇水、汭水、渭水、漆水、沮水、灃水六河流域，漆、沮、灃現在都到了枯竭的程度，剩下的只有「涇屬渭汭」的涇、渭流域。我的出生地正在涇汭之間，也就是雍州的中心地帶。在古代這裡曾經是中國最肥沃富庶之區，她曾孕育了周秦偉大的文明。可是如今呢？說來令人心酸，要不是深厚的黃土層資本雄厚，恐怕這裡早就成爲一片黃沙了。很久很久以前，這裡本來是一片平坦的黃土高原，因爲河水經年累月冲刷的結果，在平原上冲蝕出無數深溝，河水都流在深溝中，河溝的兩岸往往形成狹長的河谷地，當地人叫做川，算是這一帶最肥沃的地區。原來的高原叫做「原」，是距離河水最遠的地方，原與川之間的山坡，農民們都把它闢成梯田。除了少數陡坡和墳場外，幾乎沒有廢棄的荒地，更沒有樹林。冬天西伯利亞的寒風挾帶着大量黃沙呼嘯而來，這時候大地除了幾株枯樹孤零零地刺向天空外，地面上沒有一點生意，幾點寒鴉，更覺荒涼。不明究裡的人還以爲這裡就是萬里黃沙。偶而下幾場大雪，便成了農人養命的珍寶，因爲雪融化的慢，水分不容易流失，來年的農作物完全要靠它來滋潤，所謂「瑞雪兆豐年」就是這種地理環境下必然的結果。從農曆九月到次年二月初，五個多月漫長的嚴冬，百草不生，農田中一無所獲，人又不能多眠不吃東西，要想熬過飢寒的季節，眞不是一件容易的事。春天由於海洋氣壓增高開始吹東風，在東南各省，由於來自海洋的潮潤空氣，因之多牛毛細雨。而這裡因距離海洋太遠，當農作物正需要雨水的時候，雨量偏少得出奇。夏季多麥收成後，開始下陣雨，這種雨不來則已，一來聲勢驚人，地面上又沒有野草樹木來羈留雨水，一落到地面，便一瀉千里，除了沖蝕土壤外，對農作物的滋潤實在微不足道。秋天當農作物需要陽光的時候，太平洋上晚來的季候風才帶來霪雨，這裡的雨水都是每年農曆七、八月最不需要雨水的時候落的。春旱秋澇成爲這一帶的普遍現象。氣候上的缺點，至少在三千年前就已經存在，爲什麼周秦兩漢時代這裡還會是全國最肥沃的地區呢？當時所謂的「厥田上上」是不是就是這種貧瘠的樣子？果眞如此，周秦文明的經濟基礎實在太薄弱了。薄弱的不能够孕育那樣高度的文明。當然古代的雍州絕對不是這個樣子。這不但是故鄉一地的問題，而且還是全中國全世界的經濟問題。今天你旅行到巴勒斯坦，你會相信那裡曾經是流着蜜糖和牛奶的地方嗎？你旅行到北非，你會相信這就是古羅馬的大穀倉嗎？古代的雍州絕不是今天這種寒酸相，不是上帝刻薄，是人類自已作的孽。

俗語說：「地老天荒」，人有衰老的時候，機器有用舊的日子，土地也有精疲力盡的一天。一塊土地被連續不斷地使用若千千百年後，它的生產力也就快枯竭了。翻開地圖一看，凡地面產物豐富的地區，多數都是開闢不久的少年地和壯年地，大如美國，小如東北，都是典型的例子。而幾千年前的肥饒地區，像北非、中東和中國的雍州，如今都是地老天荒，快要變成荒漠了。爭奪和開發土地是人類經濟史中最重要的課題。土地的滄海桑田，表明了人類生活的悲歡盛衰。從隴東土地的演變，我們可以看出整個中華民族經濟演進的軌跡。早在石器時代，人類已在這裡從事開墾，燒山伐樹，闢草萊，斬荆棘。在當時說是提高土地的利用價值，可是從長遠處看却在逐漸破壞水土的保護層。森林是地球的肺，水是地球的血液，越是蠻荒地區，肺活量越大，血液越充沛，當蠻荒之區成爲高度開發地區時，肺和血却逐漸走向衰弱之途。石器時代的資料有限，夏代的傳說渺茫難稽，周秦文化從隴東發源，應是無可爭辯的事實。

「誕后稷之穡，有相之道，茀厥豐草，種之黃茂，實方實苞，實種實褎，實發實秀，實堅實好，實穎實栗，卽有邰家室。」

「誕降嘉種，維秬維秠，維穈維芑，恆之秬秠，是穫是畝，恆之穈芑，是任是負，以歸肇祀。」

——詩、大雅、生民

「有邰家室」的邰，就是隴東的董志原，古人說是后稷的母家，實際上就是周人的發祥地。從那個時期起，人們便在這裡「會伐平林」「茀厥豐草」，森林被砍伐了，豐草被剷除了。土地開始發揮它少壯年期的生殖功能。兒時每當成熟季節，趕着羊群，坐在山頭上，俯視遍野金黃色的麥田或金黃色的小米，不正是「種之黃茂」嗎？隴東主要農作「穈子」不正是「維穈維芑」的「穈」嗎？不知道是中國人保守性太强，還是我自己時間觀念太模糊，我雖生長二十世紀，常覺得和紀元前十世紀脈絡相通。「篤公劉，于胥斯原，既庶既繁，既順廼宣，而無永嘆，陟則在巘，復降在原」。「逝彼百泉，瞻彼溥原」。到了公劉時代，人口日多，乃由高原遷往平川。趨近涇汭河谷，「逝彼百泉」。在這個地區，水是最重要的恩物，有了水才能種植作物，養活人類。中國西北半壁，占全國總面積百分之六十的土地上，養活不了總人口百分之六的人口，其中唯一的原因就是缺水。缺水的原因，除了自然因素外，人爲因素實占着最重要的地位。使中國西北半壁缺水的人爲因素有下列幾點：㈠過度的開發利用，濫伐濫墾；㈡燃料與建材的缺乏；㈢戰爭的破壞；㈣羊群的破壞和遊牧民族的摧殘，當人們最初開闢田地時，對於茂林豐草毫不憐惜，恨不得一下子把它們從地球上除去。「烈山澤而焚之」，是最簡捷的途徑，也是對水土保持最嚴重的災害。人們只知道多開墾田地以增加生產，却不曉得保留荒地對已墾田園的價値。人口無限制增多，土地無限制濫墾，荒草沒有了，森林伐光了，地面上全是已墾的農田，土壤急劇冲刷，水份無法保持，雨量無法調節，當年的沃土逐漸變爲荒沙。尤其當田園開到陡坡地時，惡化的速度更加迅速。山裡的野生樹木被砍伐完了之後，人們第一個遭遇到的問題便是燃料。西北地區地下有相當可觀的煤藏量，可是大部份都沒有開採，既或有的地方用土法開採了，但是運輸困難，只能運銷產地附近。大部份地區全部牛馬糞和農作物乾莖（麥稭、高粱稈等）及老根作燃料，但是牛馬糞是重要的肥料，作物乾莖又是馬牛羊的多季飼料，而且產量有限。人們唯有拼命向山上的野生林木進攻，連根帶葉，一絲也不放過，初生的林木還沒有生長，就已被砍伐殆盡，森林被砍伐光了，建築材料的需求却永無止境。黃土高原很少有可供建築用的石頭，過去又沒有鋼筋水泥。公私建築，都用土木。既或有人工培育的樹木，不到長成，就已迫不及待的被砍下作建材了。幸而窰居減少了不少建材的需要，不然，這裡的人們早就露天而居了。隴東一帶的農家，幾乎家家都養有或多或少的羊群，他們養羊的主要目的是採糞堆肥，其次才是剪毛，食肉是城鎮有錢人家的享受，養羊人家食羊肉的日子一年難得兩三回。羊群都採用放牧制，當羊群過境，不管嫩草幼苗，枯枝老葉，一律照單全收。土地的生長力再強，也經不住羊群的旦旦而伐之。一部中國經濟史，內面是土地與人口消長的治亂循環史；外面是遊牧部族與農業部族屢進屢退的鬪爭史，本來一場戰亂，對人類是一次悲劇，對土地則是一次休息。可是這裡的土地連這種犧牲無數生命換來的休息都不能享受，水利措施破壞了，連農人悉心栽培的果園也破壞了，原來就少得可憐的樹木更澈底剷除盡了。西北地區幾千年來，一直是遊牧民族和農業民族拉鋸戰的戰場，每一次遊牧民族侵入，牛羊的踐踏，人們的砍燒，更弄得面目全非。遊牧民族是樹木的最大敵人，樹木是水源的製造者和保護者，水又是人畜的生命源泉。所以要想挽救中國西北的危機，唯有全面造林植樹。造林植樹雖有長期的利益，但是却和短期的農業生產嚴重衝突，因爲水份嚴重缺乏。地下僅有的一點水源，樹木和農作物都激烈地爭取。樹根深長，地下水都被它搶去了，樹葉高大，天空的露水又被它搶光了。所以凡樹蔭所覆、樹根所及的地區，都不能再生長農作物。農人爲了爭取種植空間都不願在田邊種樹，連田邊的野草都剷得一乾二淨，好讓作物不受侵害。就這樣互爲因果，原來位列九州中上上之田，一變而爲全國最貧瘠的地區了。

二、辛勤的兒女

要說人是最能適應環境的動物，那末中國人該是人類中最能適應環境的動物。我眞猜想不出，中國人到底到了怎樣貧困的環境中才不能够生存？世界上會有令中國人不能生存的環境嗎？人類經濟生活的貧富似乎只是一種比較，而非絕對的事實。二十世紀初期的西北農民，爲求生存所付出的慘痛代價，他們頑强的奮鬪，說來眞令人酸鼻。

「二月二，龍抬頭，莊稼漢收拾務莊農。」農曆二月，冰消凍解，農夫們便開始一年的農作。所謂「四日之擧趾」便是這個時候。小麥是這裡的珍貴作物，有人因麥字上頭是個來字，小麥又名叫來，遂猜想小麥是外來品種。無論這個說法是否可靠，小麥在中國至少有三千年以上的歷史。隴東一帶，種植的都是冬麥。八月下種，次年五月收穫。種麥的田必須是肥沃的上田，通常都是用輪作的辦法來增加肥份。凡是種豆的田接種小麥，算是最好的輪作順序。但是大豆到秋季才能收穫，種麥便有點遲了。豌豆和扁豆都是夏初收割，所以成爲種麥前最好的作物。種麥的田，一般都在夏季用鐵犂鬆泥土，讓陽光曝曬，一方面殺死蟲卵和草種，一方面增加土地的肥份。當炎夏泥土曬得滾燙的時候，忽然一陣急雨，田中泛起水泡，農夫們說是老天在製造肥料。呂氏春秋：「是月（季夏）也，土潤溽暑，大雨時行，行水則以殺草，如以熱湯，可以糞田疇，可以美土疆。」可見這種辦法，早在戰國時代已經在使用了。通常泥土犁過三次後才能播種。耕田的犁，幾千年來似乎很少改變，一支弓形的曲木，一端裝上生鐵鑄成的鐵頭，當地人叫做「鏵」，鏵的上後方裝有一大塊鐵片，使犁起的泥土向外翻，曲木的另一端則爲把手，把手與鏵之間，另外裝有一條直木，以便牛馬輓拉。因爲天旱土硬，通常一張犁都由兩頭牛或兩匹馬牽輓。一人兩牛大半天約可耕田二畝半，所以二畝半又叫做一晌。（一畝的面積是三百六十方步。）田翻整好了之後，便開始播種。播種的時間，大約在中秋前後。其法先犁田成溝，用手將種子撒於溝中，然後用兩牛輓一耙，人立耙上，徐徐而行，將土壓平。麥子播種後，在降霜以前，只長出一兩寸的嫩苗，到了冬季地面上的麥苗全部凍枯，但是埋在土裡的苗根，則往地下生長，麥苗的地下根特別長，可以吸取較低深的地下水份。冬季落雪前後在麥田上撒一層肥，一方面保護麥苗不致凍死，一方面等來春溶雪的水份將肥份滲入土中。肥料都是利用家畜排洩物所製成的堆肥，在牛羊圈裡鋪上一層黃土，讓牛羊的大小便都排洩在土上，然後又在上面再鋪一層乾土，如此一層一層地堆積起來，便成了堆肥。到了清明前後，麥苗長得可以藏住烏鴉的時候，又要除草，這時候最需要雨水，倘若落幾場及時雨，保證必可豐收。除了乾旱外，還有兩大敵人，一是麥銹病；一是冰雹。到二十世紀三十年代，西北地區還沒有農藥，萬一得了麥銹病，只有眼睜睜地看着它蔓延。農曆四五月，隴東地區常降冰雹。本來萬里無雲的晴空，忽然昇起一朶烏雲，接着狂風大作，像米粒像黃豆，像鴿子蛋，大大小小的冰雹急劇下降，田裡的禾苗被摧殘的一場糊塗。農夫們對這種天然災害倒有一種應付的方法。一旦發現天空佈滿惡雲，便在山頭上架起鐵砲，對雲層轟擊，這種砲轟老天爺的事，到底是迷信，還是一種科學方法，要待專家去研判。經過了七災八難，好容易過了端午節，小麥便快要收穫了，小麥的成熟速度很快，昨天還很青綠，一夜之間，便變成一片金黃，這時候便立刻要收穫，稍一延誤，一陣風過後，麥粒被吹落地上，一年的辛苦便白費了。割麥是短期內需要大量勞工的季節性工作，農村原有的勞力絕對無法供應這一種迫切的要求，於是便有「趕場」的勞工群出現，原來從長安以西到華家嶺以東，小麥是由東而西逐漸成熟的，當東部開始刈麥需要大量勞工時，西部的勞工却無事可做，於是他們便成群結隊，到東部去趕場，端陽節過後，扶風咸陽一帶開始收麥，由西部來的「麥客子」刈麥工人），每天清晨，都到一些固定的勞工市場，等候當地的農家來僱用，他們的工作都是按畝計酬的，不過僱主例須供給一天五頓饍食和一夜住宿，割麥工人大都是五、七人一組。在一個地方工作兩三天後，當地的麥子差不多割完了，便逐漸向西移動。這樣平均每天一、二十里地流動，直到七月七，收割到了華家嶺下，一年一度的流動勞工群，才解散回家。割麥工人群由東向西工作到自己家門口時，當然要回家做自己的工作，正好東部已經收割完畢地區的工人趕來遞補。所以不致發生勞工過多過少的現象。割麥工人的工資每天都是隨時議價的，隨着供求情況時有漲落，通常清晨剛開市時，僱主勞工之間，討價還價，總有一段僵持時間，等到談成幾筆交易，便創出一個行市，大家跟着很快地按行市成交。僱主勞工都沒有組織，自然也不會有人操縱。但是偶而也有例外，一些會幾手拳術的人，找幾個助手，把守住市場的每一個出路，由領頭人站在市場中間的高地上，大聲宣佈今天的最低工價，要大家都遵守，倘若那個勞工敢殺價出賣勞力，便用暴力，不讓他走出市場。僵持一段時期之後，僱主因爲熟透的小麥迫不急待的等着收穫，只有忍痛出高價。這就叫做「擋場」，「擋場」成功之後，擋場者派人在市場出口向勞工收取擋場費。這可能是中國最早的勞工運動，但是擋場者多係江湖賣藝之流，本身並非勞工，擋場的結果，僱主固然吃虧，勞工也平白犧牲了工作時間，還要付出擋場費。因之並不爲勞工所歡迎，僱主更是痛恨入骨，所以這類事情並不多見。刈麥是用鐮刀將麥子連穗帶稭齊地割下，綑扎成束，由田主用牛車運到打穀場貯存。一天工作完畢之後，刈麥工人回到僱主家的打穀場上，接受主人豐盛的晚餐招待，清算完賬目後，倘若主人家尚有未割完的麥，而賓主又尚相得的話，便留下來明天繼續工作。否則由主人家招待住宿一夜，第二天清晨再去趕場。麥收完畢，麥田翻耕之後，農夫們開始打麥。將連稭帶穗的麥子平舖在打穀場上晒乾，用牛馬拉着碌碡（石滾子）在上面碾，所以打麥叫做碾麥。碾過之後，再經簸揚，使麥粒和麥草分開。平常一畝田（三百六十方步）可收成小麥三至五斗（二十四寸半），當地沒有麵粉廠，都是用驢拉着石磨或用水磨磨成麵粉，小麥雖然是這一帶的主要作物，中下人家都沒有福份享受，通常都是賣給城鎮中、比較富裕的家庭享受，種麥的農人却大都靠雜糧維生。除了小麥之外，還有麥芒較長的大麥，穗細粒小的燕麥，都是春種夏收。另有一種蕎麥，雖以麥爲名，實非麥類，蕎麥夏初播種，秋季收成。生長季節較短，每當天旱其他作物不能及時播種時，才播種蕎麥以救飢荒。蕎麥最費地方，農家多不喜種植。種過蕎麥的地，必須種一次豆後，才能種麥。

隴東地區，一年有夏秋兩穫，夏穫以小麥爲主，另外還有豌豆、扁豆、大麥、燕麥、油菜、蕓苔等。秋穫有糜子、穀子（小米）、大豆、高粱、痲、玉蜀黍、蕎麥等。以糜子、高粱最爲重要。隴東有一句諺語：「要飽吃糜子，要暖穿皮子。」可見糜子的重要性。糜子卽散穗的黍，穀粒有赤、黃、白各種，但去皮後均爲黃色。所以又叫黃米。穀子卽穗如貓尾巴的黍，穀粒較小，所以又叫小米。糜子於芒種前播種，八、九月之交成熟，另有一種六十天種，從播種到收穫只有六、七十天，可以在夏收後播種。高粱播種較糜子爲早，收穫又較晚。高粱是一種很粗糙的食物，大多數用來釀酒或飼養家畜，但是高粱的莖粗大堅實，可以作燃料，痲和黃豆都是高粱田的間作物。因爲輪作的關係，一般的田都可以二年播種三次，平均十畝田才可以養活一個人不致受饑寒。這一帶的土地分配相當平均，自耕農約占百分之八十，剩下的多半自耕農，佃農的數目微不足道。自耕農中間又可分爲上中下三等，平均一口人有二十畝以上的上田的可算是富農，占不到全部自耕農的十分之一。每口人有十畝到二十畝上田的可稱中農，約占全部自耕農的十分之二。其餘十分之七，每人的耕地都不足十畝。除了耕種外又很少副業，所以絕大多數的農民都在饑寒交迫中掙扎。不挨餓就算是太平盛世，其他的生活享受一概都談不到。這裡的農業都是小農場經營，最大的農場不過三、四百畝，而且爲數有限，大半都是一百畝到一、二十畝。而且農地零散，一般都被分割成爲幾分到幾畝的小塊，上十畝的大塊已不多見。因爲按照傳統，遺產要由諸子均分，而土地的價值又各不相同，一般慣例，分產時把每塊田劃成應分的份數，按照「哥東弟西、兄南弟北」，每人分占一區，如此逐代一分再分，農地的面積越來越碎小零亂，經營管理，諸多不便。這裡沒有專門坐地收租的地主，也沒有不事生產的富人。每家都自己耕種，田多而自家人手不足的農家，每年僱用一至六、七個長工，長工是算年薪的，通常正月上工，一直作到十月一，農事完畢。農忙的時候，也僱用短工，農作是有季節性的，忙起來大家都忙，閒起來大家又都閒，農村很少有人靠作短工生活的。一旦需要勞工的時候，大都靠換工，人與人換工，人與牛馬換工，人手短少的農家，往往多養幾頭牛馬，以便向人多而缺少畜力的人家換工。作物品種，耕作方法，施肥及灌溉，都墨守幾千年傳下來的陳法，從沒有一個機構來研究改良。勤儉是農人圖生存的唯一途徑。拼命工作，深耕、多施肥、勤除草，以求增產。拼命降低消費，忍耐飢寒，以求維持生命。農人好像天生是土地的附着物，沒有誰企圖離開農村，沒有誰想另謀出路，他們默默地奮鬪着，一代傳一代，始終脫離不了貧困的命運。

三、封閉的社會

幾千年來，隴東一帶好像一泓死水，有時候投進幾塊石塊，激起一陣浪花，隨卽又平息了。有時候眼看要枯竭了，可是一陣雨又儲滿了。這裡的農民永遠牢守着「死徙無出鄉」的觀念。子子孫孫，世世代代，死釘着這塊貧瘠的鄉土，縱令餓死，也要死在自己的鄉土上。這裡漢唐時代曾經是歐亞孔道，二十世紀初葉，還建築了一條西蘭公路，可是公路上的汽車始終是若有若無。因爲他們太窮了，沒什麼東西可運出去賣，也沒有錢去買外來的東西。每年冬天，駝隊和馬車把蘭州的水菸和各地的藥材運往涇陽，再把涇陽的布匹和磚茶向西運回，這便是公路上最大的貨物交流。一般農民還停留在封鎖的莊園經濟時代，不幸這裡又沒有自給自足的地理條件，苦難就更加慘重了。農人們自己耕種小麥糜子，自己磨麵碾米，自己種蔴，自己榨油，吃的問題，勉強自給了，但是這裡不產棉花蠶絲，不能自己織布，穿的問題，非仰仗關中河南供給不可。還有部分農具，也不是當地所能生產的。都是要向外地購買，而能够輸出的貨物，只有毛皮、藥材等少數土產，糧食連本地的消費都不够，當然沒有剩餘的可供外銷，這裡對外的地區貿易一直是入超，所以越來越窮。

這裡一樣也有城鎮，城鎮中一樣也有經年營業的商店，只是城鎮太少了，城鎮之間，相距都在四十華里左右，一個城鎮大約籠罩着她周圍二十華里左右的農村，這些農村的人將農產品輸入城鎮，由城鎮中換回布匹等日用物品。農人上城鎮並不是經常必須的活動，越是貧窮的人家，去城鎮的機會越少，平均每戶農家每年去城鎮約二十餘次。輸往城鎮中的貨物以糧食爲主，另外也有少許蔬菜家畜，從城鎮中購回的多是布匹、食鹽及農具。農村的大宗交易，不是城鎮而是廟會，從每年三月起，各地開始輪流過廟會，每個廟會都有每年固定不變的日子。到了會期，本來清靜荒涼的深山古刹，頓時變成熱鬧的市場。廟裡照例演戲酬神，賣山貨的，賣農具的，賣布匹日用品的，都趕來列攤販賣，當地農人趁着趕會之便，買足一年的用品。每一個廟會通常都連續舉行三、五天至七、八天。大約春季舉行的廟會，都是以販賣農具爲主，秋季舉行的廟會則以販賣家畜爲主。春季的廟會又叫山貨會，夏季廟會又叫瓜果會，秋季廟會則叫做騾馬會。除了定期的廟會外，還有一種出賣鐵製農具的，他們每年春季從河南運來大批農具，一直向西走，邊走邊賣，沿途找上農家把貨品推銷出去，並不立刻收取價款，一直向西推銷到貨品全部出手，約當秋收以後，才由西向東，回頭沿途收取貨款。平常婦女所用針線之類，則由肩挑貨箱沿村販賣的「貨郎」供應。農村的消費量幾乎永遠是一成不變的。供求永遠循着一定的規律進行。既或接連遇上幾個豐年，農人也不敢浪費，因爲豐年之後，說不定就是荒年，必須趁早儲蓄，以備不時之需。人們吃得雜糧是自己生產的，富戶人家或豐收歲月，偶或吃點白麵，蔬菜是自己種植的，數量和種類都很少，不過是蘿蔔、白菜、茄子、韮菜、葱、蒜等，最重要的蔬菜還是苜蓿，嫩芽作蔬菜，老莖作飼料。肉食是很少能嘗到的，只有過年或遇到婚喪喜慶時，才宰一口猪，或殺一隻羊。穿得更是可憐，凡是一年能做一件新衣服的人家，都可列入富戶。貨幣在農村數量既少，流轉又慢，因之交易滯呆，掌握貨幣的人，便肆意剝削。農人應付意外災變的途徑，一是事先儲蓄；一是高利貸。因爲經常鬧荒年，農人都窖藏糧食以備災，倘若遇到意外災害，而又無積蓄，只有乞靈高利貸，經營高利貸的人，多少都沾有惡霸性質，欠了他的債，那怕你不還。另外還有一個不大普遍的方法，就是賒欠，農人向城鎮經常有往來的商號購物，往往並不付現，採用記賬制度，這點欠賬，到了舊曆年關，才派人收討。多少也有點調劑的功用。

一本舊筆記簿的啓示

像我這樣，上無片瓦，下無錐地，居無定所，行無定止，除了兩個肩膀扛着一張嘴外，沒有一件東西長期屬於自己；除了永無休止的苦難外，沒有一個親朋永遠陪伴着我。財物的隨聚隨散，親朋的乍合乍離，已經和日出日落一樣地平常。池中的浮萍還有水可依託，天際的行雲還背着一塊蔚藍的青天，而我只是一個無依無靠無憑無藉的孤魂野鬼，沒有一個親朋可印證往事，沒有一件東西可追尋舊夢。偶然，在整理書籍時發現了一本舊筆記簿，赫然是抗戰前在平涼讀初中的獎品，裏面密密麻麻寫滿了讀書札記，都是那時候寫的，屈指算來，已四十多年了。這是我從故鄉帶出來的唯一一件東西，也是我童年時代留下的唯一一件舊跡，可也算得上萬里他鄉故知了。

在太平歲月裏，安定的社會中，四十年不過一眨眼，但是在世亂年荒的日子，却令人有度日如年的感覺。四十多年來，這册舊筆記簿，在我身邊，爬過連東南季風都越不過的六盤山，走過四十里渺無人煙的華家嶺，到過陸都蘭州；穿過大峽、小峽，到過江河之源的青海；翻越高與天齊的祁連山，到過大漠飛沙旋落照的大弋壁；越秦嶺，走劍閣，到過夜雨巴山漲秋池的四川，到過山水甲天下的桂林，到過四季如春的昆明；下三峽，過江陵，到過湖廣熟天下足的兩湖盆地，上過煙雨匡廬，到過六朝金粉的金陵，走碣石，出榆關，到過冰天雪地的白山黑水，到過滿街書香的故都北平，筆記中的後一半就是在北平東單三條的病床上寫的。到過吳頭楚尾、五湖七澤、杏花春雨江南，也到過十里洋場，最後到了寶島臺灣。

筆記中所記的大部分都是社會史論戰的摘要。扉頁上題着一句愛爾蘭諺語：「空話値不得錢，而麵包却要用錢買。」我半輩子走南闖北，並不是爲了什麼「男兒志在四方」，老實一句話，還不是爲了餬口。不單是我一個人這麼沒出息，卅年代以前的中國老百姓差不多都是這樣，大家終歲爲衣食忙碌，只要圖得「三個飽，一個倒」，就心滿意足了。大賢顏回也要一簞食、一瓢飲啊！身無半分田而心憂天下的聖人，畢竟是少之又少的少數。國父孫中山先生把「人類生活的程度」分作三級：第一級是需要；第二級是安適；第三級是奢侈。三十年代以前的中國人，絕大多數都爲滿足需要而拼命，也就是爲求生存而努力奮鬪，得免於饑寒，已算是堯天舜日的太平盛世了。富商大賈，高官巨紳，酒肉徵逐，只是少數之少數。人性喜新好奇，對於日常一般司空見慣的事情，習以爲常，不屑意去寫，寫了也沒有人來看，對於稀奇古怪不經見的事物，反而大書特書。所有女人都不長鬍子，歷史上絕不會寫，偶而於千百億女人中發現一個長鬍子的，却當作一件重要的大事來紀錄。歷史上記載的多是些特殊情況，倘若把它當作一般情況來相信，那就和事實相去十萬八千里了。而且歷史都是文人寫的，還是做官的文人寫的。中國古代讀書的人本來就不多。有機會讀書的人家就不會絕對貧窮。歷史上記載了很多窮人讀書成名的佳話，但是那些貧苦只是比富人貧苦，倘若和眞正窮人比起來，他們還是富翁哩！試想顏回沒有了簞食瓢飲，范仲淹沒有了糜粥，他們還能苦讀嗎？小命早就沒有了。半夜三更就作了餓鬼，那還等得及「朝聞道」呢？終身掙扎在饑餓線上的人們是沒有資格讀書的。窮人家的滋味，只有窮人明白，可是他們不會寫，也沒有工夫寫，寫了更不會流傳後世。歷史大都是成了富人以後的人寫的，富人寫窮人的生活，猶如黃鶴樓頭看翻船。歷史上關于平民生活的記載，不是寫得太美，就是寫得太慘，都非事實的眞象。根據歷史載籍上的片字隻語來推論當時社會的一般情況，眞正是瞎子摸象，各說各話。中國社會史論戰各家所以各走極端，就是由於這個緣故。我讀過了食貨志，看過了各地平民的生活，更相信這個道理。

一部人類的歷史就是人類求生存史，也就是謀求解決食衣住行育樂六大需要的歷史。要想滿足需要，必須充分的生活資源的供應。由於人口的繁殖無窮，人類的慾望無窮，所以人類的需求永遠「無窮」，由於土地面積有限，因之生活資源的供應也就有限，以「有限」的生活資源供應「無限」的人類需求，一切問題便由此滋生。這是人類求生過程中的基本問題，也是永遠無法徹底解決的問題。一切的戰爭、飢饉、瘟疫，只是消極而殘酷地減緩人類的需求，一切的發明創造都是積極地開闢更多的生活資源。都是暫時性的辦法，非一勞永逸之計。第二次世界大戰結束後，有人寫了一篇寓言式的故事，題目叫「世界永遠沒有戰爭」，大意是說：第三次世界大戰後，全世界只剩下了三個人，只剩下了一盒七根火柴。這三個人鑒於戰爭的殘酷，都同意心平氣和地坐下來，商討出一個維持永久和平的辦法。永久和平乃百年大計，一時很難理出一個頭緒來，當務之急，還是公平瓜分剩餘物資要緊。大家同意先分配物資，然後再談其他。因為只有七根火柴，三個人怎麼樣分配都不能公平。甲說：「這樣好了！我得三根，你們兩人各得兩根，豈不公平合理。」乙說：「不對！應該我得三根，你們兩位各得兩根。」丙說：「豈有此理！應該我得三根才對。」三個人便互相吵了起來。乙看長此爭論，不是辦法。趁着丙不注意之際，一槍把丙結果了。對甲說：「這下好了！好戰份子已經剷除了，我們兩個人好好公平分配吧！」但是七根火柴兩個人還是無法公平分配，又吵了起來。乙想：唯一的解決辦法，只有把甲也解決了，甲也這麼想。兩個人不約而同地拿起手槍來對轟，同時也都負了傷。乙傷重不支，先行倒斃。甲拿起火柴來說道：「這下好了！世界永遠沒有戰爭了！」剛說完，也因流血過多，嚥下了最後一口氣。一切歸於靜寂，世界永遠沒有戰爭。這雖然是一個無名小卒的愚話，却一語道破了一切問題的根源。

學者喜歡創立模式，把過去、現在、未來的人都裝進模式裏去，才現出他的偉大。一般講社會史的人總要把人類進化的歷程，分成若干個階段，不分人種，不論地區，以為凡是人就必須經歷這幾個階段，好像由少而長而老一樣，一步不能多，一步不能少。事實上，人類的起源究竟是一元的，還是多元的，至今尚無定論。不同人種在相同的環境中，可能有相同的反應（這也不一定）。要說不同人種在不同環境中會有相同的反應，恐怕連上帝都辦不到。把學者在圖書館中幻想出來的公式，向不同人種不同環境的每一個別個民族頭上硬套的社會史學家，削足適履的勇氣，實在令人欽佩。影響人類歷史發展的因素是多方面的。因人、因時、因地而異。在某一時期，甲因素是重要的決定因素，到了另一時期，甲因素却退居不足輕重的地位，乙因素反而成了重要的決定因素。在生產技術落後，生活艱難的時代，經濟生活幾乎決定了人類的全部歷史。在交通不發達、科技未昌明、人類尚不能控制自然環境前，自然環境對經濟生活起着決定性的作用。生產就是人類對自然加以作用來達到利用的目的。人類對於自然，最初和其他動物一樣，處於被動的地位，也就是受自然的作用。等到人類從動物羣中脫穎而出後，便主動地利用自然，役使自然。如闢荒地爲農田，開森林爲道路，用水源來灌溉等。及至智慧再高，便企圖改變自然。不管是利用自然，役使自然，甚或改變自然。人類勞動的生產力總是和自然條件相結合的。這就是陶恩比說的挑戰與反應。所謂自然條件，約略可以分爲兩大類：一是人類本身的自然，也就是人種的差異；一是圍繞人類外部的自然，諸如氣候的寒暖，雨量的多寡，地勢的高下，土壤的肥瘠，河流的走向，海岸的曲直，港灣的多少，在在都足以影響人類的經濟活動。「人是地的一片」，德莫蘭說：「倘若人類的歷史重行開始，而地球的表面也還沒有改變，這個歷史大體上還只是複演一遍。」五千年來，中國歷史一直在自然環境絕對支配之下循着螺旋途徑前進。中國因疆域完整而封閉，北界大漠，西阻葱嶺，西南高山橫亘，東南濱海，海岸線平直而少良港，近處復乏較爲開發地區。在海運大通以前，四周都是銅牆鐵壁，外人打不進來，自己也很難打出去。在整個人類歷史上，幾乎遺世而獨立，中國就是一個世界。中國歷史的發展過程，在世界上別具一格，沒有任何一個民族可與之比擬。

春秋和戰國以前的社會，姑且不論。春秋戰國的確在社會經濟上發生過鉅大的變化，由於鐵製農具的使用，獸力耕作的發明，灌漑的普遍發達，生產上發生了革命性的變化。鹽鐵等純以商品形式生產的工業出現，商業的活躍，貨幣的普遍使用，中國經濟社會發生了本質上的重大變化。經此變化之後，從秦漢到清末二千年間，中國社會本質上却再沒有顯着的劇變，好像流過三峽的江水，一直平穩而緩慢地流着。這兩千年間的中國歷史，可以用兩句話概括無遺：一是人口與土地互爲消長的治亂循環；一爲遊牧部族與農耕部族的互相衝突同化。

中國人被侷限於有限的空間內，因疆域封閉，不能向外移民，沒有對外通商貿易的便利，又因氣候土壤宜於農桑，產物種類完備，一時沒有對外貿易的需要，大規模工商業無由發生，只有以農立國，耕地是唯一賴以活命的源泉。當人口增多，耕地不足時，便發生人口過剩。一不能向外移民；二不能發展工商換取域外的糧食；三不知節育。唯有靠戰爭、飢饉、瘟疫諸自然方式來調劑。任何東西，當供過於求時，就不會發生分配問題，供不足以應求時，分配問題便形嚴重。當人口過剩，耕地不足時，便逐漸形成嚴重的土地兼併問題。富者田連阡陌，貧者無立錐之地。

富者飽暖思淫慾，貧者饑寒起盜心，於天下大亂，盜賊蜂起，爭地以戰，殺人盈野，爭城以戰，殺人盈城，殺死一部分人；大兵之後，必有荒年，再餓死一部分人；荒年之後，必有瘟疫，又病死一部分人。人死的差不多了，土地還是那麼多，於是有大英雄出，削平羣雄，天下由亂而治。太平日久，人口繁衍滋息，又呈過剩現象，不得不再來一次自然調節，如此週而復始，一再循環，不過這種循環，並不像驢子推磨，老走原路，而是像螺旋一樣，一次比一次稍為進步，一次比一次稍為升高。那時候人們只在歷史漩渦中打滾，沒有人跳出漩渦外，從更高層次來看問題，沒有人想到節育。西藏地勢高亢酷寒，生活資源奇缺。喇嘛教有一條規律，教徒除了長子結婚生子、傳宗接代外，其餘諸子盡量要出家作喇嘛，終身不得婚娶。不管原始立法者的用意何在，但在效果上充分發揮了節制人口繁殖的作用。宗喀巴不愧為一位先知。

中國北方是一片大草原，氣候酷寒，生長季節極短，不適於農作，居民只有以遊牧為生。陽春的腳步，由南向北逐漸前進，牧人也跟着向北遊牧。到了夏天，西北利亞大草原上，綠草如茵，雜花遍地，美人良馬，高歌一曲，海濶天空。經過一個夏天的牧放，秋高馬肥，秋風却由北極吹來，於是又趕着牛羊，南下避寒過多。當他們到達長城下時，正是長城內農人的秋收季節，不可避免的衝突便發生了。遊牧部族生活條件與戰鬬條件一致，農耕部族生活條件與戰鬬條件分離，打起仗來，遊牧部族的勝算自然大。等到遊牧部族征服農耕部族之後，因農業生產力高，農業部族，生活比較舒適，遊牧部族自然放棄原來的生活方式，逐漸為農業部族所同化。兩個生產方式不同的部族互相接觸後，生產力高生活優裕的一個一定會同化生產力低生活貧苦的另一個，這是天經地義的事，誰也避免不了。

在青海、在西藏、在蒙古、在新疆、在河西、在河套，到處都有農牧互相衝突的遺跡，農耕部族向外擴張，荒漠變爲良田，遊牧部族南下牧馬，田園變爲茂草。以壁畫和藏經聞名世界的敦煌，在唐代盛世，桑麻遍野，人口密集，有小長安之稱。現存敦煌戶籍殘簡中，充分顯示出給田不足，人口過剩的現象。降及明清，放棄關外，敦煌一變而爲千里不見人煙的荒凉牧場。左宗棠西征，移民實邊，再變而爲閭閻相望的農耕之區，諸如此類，不勝枚擧。昔之良田，今爲牧場，今之牧場，他年又將變爲良田。遊牧部族與農耕部族永遠不停地在邊疆地區，進行着拉鋸戰。每拉動一次，便是一場災難。在人類互相火併的同時，風沙正以雷霆萬鈞之勢，摧毁着人類生活環境。農人伐森林，除茂草，使荒野變爲良田，剝去了大地的一層皮；遊牧部族來了，良田變爲牧場，剛萌芽的野草，都被羊羣食盡，又剝了大地的另一層皮。大地變成了一架骨瘦如柴的軀殼，所有肥腴的部分都不見了，只剩下赤裸裸的骨架。西北利亞的季風，挾帶着大量流沙，日夜不息地向東南進軍。樓蘭古城，在西漢時代，沃野平疇，溝渠縱橫。如今萬里黃沙，寸草不生。除了埋在沙堆下的渠道屋宇外，連一隻老鼠都沒有。安西幾十丈高的城牆，不幾年工夫，積沙便和城頭相齊。當年流牛奶與蜜糖的地方，如今除了滾滾黃沙之外，一無所有。沙漠像毒瘤般地迅速蔓延。在沙漠邊緣和流沙搏鬬的農人，其悲壯蒼凉，令人嘆爲觀止。明知無望，祖祖代代却永無休止地作着徒勞無益的掙扎。明知不可能的事，只要有一口氣在，絕不放棄奮鬪。爲什麼中國人對於結局已定的事還要白費力氣？爲什麼中國人只重作事的方法而不計其後果？爲什麼中國人那末崇敬失敗的英雄？只要到邊疆走上一趟，便可一目瞭然。本來嘛！人生就是一場徒勞無功的戰鬪。

到了天府之國的四川，我心中牢不可破的「天公地道」的觀念完全幻滅了。「天何曾公，地更不道。」在荒磧中一月辛勞所得報酬，在四川只要一天的努力就可輕而易擧地得到了。這種肥瘠地區土地報酬不相等的情形，實在是人們不甘願自動移民墾邊的主要原因，也是人口分布不平均的主要原因。荒寒之區，單靠農業，每平方公里平均一個人還嫌太多，富庶之區平均一百個人，還嫌太少。水往低處流，人往高處爬，誰不願生活在富足之鄉呢？爲什麼中國百分之九十多的人都擠在東南不到三分之一的土地上呢？誰也不是傻瓜，只是情勢使然。

我常想，爲什麼司馬相如、揚雄、蘇軾這些大文學家都是四川人呢？爲什麼李白、杜甫、陸游到了四川就文思泉湧呢？簡單一句話，環境使然。什麼田長什麼莊稼，吃什麼飯，拉什麼屎。要想做文學家，第一要有錢，第二要有閒。錢不能多的腦滿肚肥，也不能少的長不大就餓死。不能閒得整天看公母狗打架，也不能忙得日夜喘不過一口氣。四川的自然環境，正提供了這種機會。過份貧瘠的地方不能孕育出高度文明，過於富庶的地區也難有很好的表現，沃土之民不材，赤道附近便是例證。自然向人類的挑戰不能强烈的無力反應，也不能微弱的不需反應。只有適當的挑戰和反應，才能創造文明。

從邊塞初蒞四川，眞的有置身「天府」的感覺，覺得樣樣都好，心裏納悶，那些在風沙中作徒勞無益地掙扎的人，爲什麼不搬到這山明水秀的仙境裏來呢？等到仔細一看，才發覺巒不是那麼一回事。這裏早已擠滿了過多的人，大地筵席的座位早被捷足先登者霸佔，還有很多沒搶到位子的，站在一邊，等着餐桌上扔下來的骨頭，那些更軟弱無力的，擠在厨房門口等洗鍋水。在風沙中，人和天爭，在天府之國，人和人爭。其慘烈的程度，並無二致。

在城鄉之間往來久了，我又發覺了一個可怕的現象，那就是城市對鄉村的剝削，寄居在城市裏的主宰人物，都是些商人、官吏、仕紳、地主以及工廠老闆，他們都是吸鄉下人的血汗肥大的。他們利用「貨幣」這種怪物，一轉手之間就可以在鄉巴佬的瘦身子上刮下幾斤油。城市中一樣有勞工厮役一輩苦哈哈，但是他們都是在鄉村無法立足後，才擁向城市的，本質上他們還是鄉下人。不過在城市住久了，耳濡目染，依附在城市主宰者身上，助紂爲虐，跟着剝削自己的鄉親。這些都是工業未發達前的情形，進入工業社會，也許有所不同。我看見的還是農業社會。長期剝削的結果，城市鄉村之間，造成了嚴重的偏榮偏枯之局，等到鄉村最後一點血汗也流盡了。城市因得不到養份，也就衰敗了。歷史上又一循環，城市剝削鄉村，鄉村毀滅城市。鄉村農民實在活不下去了。唯有鋌而走險，起初勢力小，城市防禦力强，不敢去驚動，只有打刼鄉村富戶。逃難的人，一到城裏就安全了。所謂「小亂居城」，就是這個意思。等到饑民由打家刼舍的强盜壯大爲打天下的革命時，他們的目標指向城市，這時候「大亂居鄉」，反而比較安全。

自秦漢以來，二千年間，一直是牛耕田，馬拉車，用的是鐵打的鐮刀鋤頭，種的是稻、粱、菽、麥、黍、稷，養的是馬、牛、羊、鷄、犬、豕。地主的土地雖然有多有少，但是耕種經營都是園藝式的小農制，兩千年來，只是反反覆覆，並沒有本質上的巨變。早在二十年代我就抄錄下當時中國社會史論戰的綱要，背着這本摘要，我從西到東，從南到北，跑遍了全中國，也翻遍了廿五史，始終看不出兩千年之中，中國社會有什麼本質上的變化。歷史的巨流，在這兩千年間，成了一泓死水，頂多只打了一些漩渦。這個池塘的堤防，還是洋人用洋槍、洋砲轟開的。

穀穗和鋤頭

——媽媽常講的故事——

天地剛開闢的時候，人們不用耕耘，不須收穫，不憂旱澇，不怕風霜。吃的百穀，都是老天爺像下雨一樣下下來的。地面上滿坑滿谷都是可口美味的食物，種類太多了，數也數不淸，隨便一伸手就可以任意拿，隨便一張口就可以盡量吃，眞是取之不盡，用之不竭。老天爺告訴人們「這些東西都是爲你們準備的，你們能吃多少就吃多少，能用多少就用多少，儘管放開肚皮吃喝，放手花用。只有兩件事你們務須遵守：第一，不要隨意糟塌東西；第二，你們之間不要爭吵。」老天爺因爲創造宇宙萬物太辛苦了，對人們講過話後，以爲萬事都已妥當了，便安心地去睡了。

人們因爲吃的用的都不必花一絲力氣，便毫不加以愛惜。夏天當水果成熟的時節，人們拿一張草蓆鋪在樹蔭下，脚蹬着樹幹大睡懶覺，原野上的薰風吹得人昏昏沉沉，越睡越懶，越懶越睡，肚子餓了，也懶得起來，只用脚向樹幹一踹，那些熟透的果子便掉下來，掉到嘴邊的便張口去喫，一些掉的距離口邊稍遠的，連伸手去拿都懶得伸一下。冬天睡在炕上，因爲屋頂遮住了，天上落下的食物掉不進屋裏來，就在牆上挖一個洞，用鈎子伸出去往裏鈎。東西太多了，吃着吃着也就吃膩了，有的東西拿來咬一口，便扔在一旁，有的東西剛拿到手裏，又改變了主意，扔掉不要了。桃子只咬桃尖上的那一口，西瓜只吃瓜瓤裏沒有瓜子的那一點，牛肉只吃最嫩最鮮的那一小塊，鷄只喝鷄湯，豬肉只吃肘子上的一小塊，一個人一頓飯，往往需要浪費十頭牛、十口豬、十隻羊、二十隻鷄。那些不用的東西，隨意拋棄，讓它腐爛，臭氣沖天，招來了無數蒼蠅、蚊子，蚊蠅的吵鬧聲吵醒了熟睡中的老天爺，一股臭味直薰得他噁心欲嘔。睜開惺忪的睡眼一看，不得了了，遍地都是丟棄的豬牛羊鷄鴨魚的屍體，遍地都是吃剩的食物，本來乾淨的大地被污染的一塌糊塗。人們因無所事事，整天喫飽了睡，睡飽了吃，人人都睡得昏昏沉沉，四肢百骸都像生銹了一樣，懶得不能再動了，人人都懨懨欲死，人人都了無生機，整天用那茫然失神的眼睛痴痴呆呆瞪視高不可及的天空。對於自己製造的髒亂，自己招惹來的蚊子、蒼蠅、蟑螂、蛆蟲，絲毫無能爲力，一任它們來侵襲，根本就不想來防治，也無力來防治，只有坐喫等死。

老爺看得氣極了，便拼命打雷，傷心透了，又一個勁地下雨。最後毅然決定，不再下降任何食物。人們還是懵然無知，倒是馬牛羊鷄犬豕等六畜着了慌。一齊向老天爺哀求，求老天爺慈悲，給牠們留一點口糧。老天爺也覺得牠們可憐，完全是人類的過錯，牠們無辜受累，而且還是受害者，趕盡殺絕，於心不忍。豬因爲好吃懶做，跟人類犯的過錯一樣，活該餓死，馬牛羊鷄犬，每類給留一種穀類，於是由百穀變爲五穀，而且必須自己去耕種，才能有的吃，交代完畢，老天又睡着了。

天不再降食物了，人們起初還在痴痴地等，後來實在忍不住饑火中燒，也跟着牛馬到田裏去，要求分一杯羹。老羊說：「因爲人不知愛惜物力，老天爺才不再下糧食，田裏面種的都是老天爺留給我們的，沒有你們人的份兒，你們請吧！」好心的牛馬看在平日相處的份上，情面難却，就答應了人們的要求，好在田土多的是，那時節糧食又好種，只要大家努力，那怕沒飯吃。老羊勸阻道：「千萬使不得！人這種東西，既自私、又懶惰、不愛物力、忘恩負義，給人家一點好處，永遠記在心裏，永遠掛在嘴上；人家幫了他天大的忙，轉眼就忘得一乾二淨，又鬼計多端，機詐百出，與其將來後悔，不若當機立斷，兩不虧欠。」人們哭喪着臉，苦苦哀求道：「請念在大家一脈都是老天爺創造的情份上，今日縱有千般不是，當年也曾共同生活過。我們不敢奢求分你們的口糧，只懇求您大家可憐可憐，把吃剩的賞給我們一口半口就感恩不盡了。至于工作，你們不用動手，全由我們來包辦好了。」牛馬心腸軟，看見人們說得誠懇可憐，就點頭答應了。鷄狗也無可無不可。羊拗不過大家，氣憤地說：「今天你們不聽我的話，將來總有後悔的一天。我可不願自己搬磚頭砸自己的脚。好在我也不必一定要吃糧食，山上的青草一樣也可以養活我。」說完後，牠便掉頭往山上去了。於是犬守夜，鷄司晨，牛馬和人一同下田耕種。

剛開始的時候，人凡事都自動自發搶着作，反而讓牛馬在一旁閒得不好意思。過了沒有多久，人的老毛病又犯了。先喊叫腰痠背疼，裝作一付心餘力絀不堪負荷的樣子，還故意裝腔作勢，表現出就是累死也要拼命工作的決心。牛馬過意不去，就讓人在一旁休息，牠們暫時來代替人工作，等人體力恢復了，再恢復原狀。誰想到這一上了圈套，便千年萬世也解不下來了。人們起初哄騙牛馬工作，久而久之，習以爲常，認爲牛馬爲人工作是理所當然的事情。再後，牛馬工作的太累了，偶而脚步遲緩，人便拿鞭子在牛馬屁股上狠抽。那時節的五穀，從根到葉都長滿了穀粒，起初人和牛馬鷄狗共同分享，後來人們製造出種種藉口，佔便宜，多享收成。後來索性連一粒穀子也不給牛馬吃了，還要牛馬加倍地工作。牛馬只能吃一點點乾禾稭，却要不斷地工作。這時才想起當初老羊所講的話，後悔已經來不及了。每天晚上爬在牛欄裏，站在馬棚中，遙望着從屋頂破孔中窺視的星星，默默地祈禱，懇求星星轉稟老天爺，乞求憐憫。每一個夜晚，牠們不住地哀求，不停地啜泣。星星終於被感動了，便去搖醒熟睡中的老天爺。老天爺一看這種情形，可眞火了。人既然只給牛馬吃禾稭，就讓牛馬吃禾稭好了。五穀可是爲牛馬留的，牛馬不吃穀子了，留着也沒有用。便派天神到地上來把五穀上的穀粒都捋掉，只留禾莖好了。天神到地上來開始工作。貓狗可着慌了。牛馬可以吃草，鷄可以吃蟲，貓狗却非吃糧食不到。於是貓狗跑到田邊去，向正在捋穀子的天神苦苦哀求，祈求手下留情，給牠們留一口喫食。天神被貓狗的誠心感動了，捋到禾稍頭便住手了，從此以後，各種穀類只有穀穗上才長穀子。

老天爺不但派天神捋去了五穀的穀粒，還在農田中撒了一把野草種籽，讓它比五穀更强，不怕澇，不怕旱，不怕蟲，專搶五穀的養分。人們把五穀播種下去，沒有多久，都被野草淹沒了。

沒奈何，只有爬在田中，用手一把一把地拔，拔了東邊，西邊又長出來了，拔了這頭，那一頭又長出來了。拔得精疲力竭，拔得大汗淋漓，拔得頭暈眼花，就是拔不完，這時候忙得連呻吟的時間都沒有了。有一位大神路過田邊，看到人拔草拔得這樣辛苦，起了惻隱之心。便拿一個小銅鑼送給人，告訴人說：「只要你拿着鑼，每天在田中來回敲，草便長不出來了。」人謝過了神，拿起鑼來輕輕一敲，野草便立刻枯萎了，五穀長得比以前加倍茂盛。這一下由地獄跳上雲端，眞正樂不可支。起初，每天不住地在田中往來敲，反正拿着鑼敲比爬在地上拔草不知輕鬆幾萬倍。就是日夜敲，也還不是跟玩兒一樣。後來日子久了，從前拔草的辛苦都忘光了，每天敲鑼的辛苦却是眼前的親身感受。尤其炎日當空，走在田中，曬得人頭暈眼花，便偷懶到地頭上的樹蔭下去睡懶覺。開始的時候，偶而打一個盹，趕快起來敲，稍後越來越懶，睡的時間也就越長，甚至整天都呼呼大睡。小草趁着這個機會又冒出頭來了。越長越多，不久，田中長滿了野草。大神又路過田邊，看見田裏的野草比人用手拔的時候還多，奇怪！難道銅鑼失靈了。祂對自己的法力很有自信，銅鑼絕對不可能失靈的，一定另有緣故。擧目一搜索，這下可氣炸了肺，人竟在樹蔭下睡大覺，銅鑼被毫不知愛惜地隨便棄置一邊。大神一氣之下，拿起銅鑼來用手一捏一拉，便變成了一把鏟子。扔在一邊，搖搖頭，悻悻然走了。趕着回窩的鳥兒驚醒了人的美夢，揉揉惺忪的睡眼，糟了！銅鑼不見了，地上不知道那裏來的一把鏟子。太陽已經下山了，再也找不着銅鑼，只有拿着鏟子回家。第二天到田裏一看，野草把莊稼都淹沒了。再不想辦法，今年準定不會有一點收成。沒奈何，只有用鏟子來鏟草。越鏟越辛苦，越鏟越想起以前薅鑼時的輕鬆。不由地怒火中燒，拿起鏟子來用腳狠命一踩，用的力氣太大了，整個鏟頭彎轉過來，變成了一個鋤頭。拿來鋤草，倒很順手。心中一下變得萬分高興。用鋤頭鋤草比用鏟子鏟輕鬆多了。人們便心滿意足，從此以後，每天扛着鋤頭去鋤地，再也不敢偷懶了。

野老村言

寒冬臘月，雪封山，地上凍，農作停頓。日上三竿，爬下炕，啜一碗熱粥，三五村老，蹲在背風向陽的山窩裏，手裏拿着旱菸鍋子，熓熓清煙，直上晴空。打開話匣子，前三皇，後五帝，陳穀子，爛芝麻，說者只圖口快，聽者聊破岑寂，誰管它是眞是幻，誰問它是有是無，反正有人曾經這麼說過就是了。鄉土風光，反而比那些斷爛朝報更有人情味。說來雖近荒唐，細玩頗有趣味。

一、三國迷

從前有一個人，很讀了幾年書，略識得幾個字。家中有幾十畝田，生活還過得去。他不去趕考求功名，不開館授徒，不賣卦算命，也不耕田種地。一天到晚，抱着一部三國演義，早也看，晚也看，走也看，坐也看，吃飯也看，拉屎也看。他可以一連看上三天三夜，不吃飯，不睡覺。當他娶媳婦的那一天，新人擡進門，等着拜天地，却怎麼找不到新郎，找來找去，原來他躲在廚房裏，借着灶門口的火光正在看三國演義哩。他爹過世了，他在靈堂守孝，借着靈前的燭光，看了七天七夜的三國演義，擡棺材的人來了，他還說：「着急也不在這會兒，等我看完了這一回再來！」

他不但看三國入迷，而且還說三國上了癮。遇見了人，不管生張熟魏，不管趙四王五，也不管人家有沒有空，一定要拉着人家說三國。劉老爹鬧肚子，急着要入厠，他一把拉着人家的袖子，硬要人家聽他說火燒戰船。劉老爺屁滾尿流，用力一拉，扯斷了袖子，直向茅厠裏奔，他拿着半截袖子跟在後面窮追，追到茅厠口，一邊喘着氣，一邊還說：「前船一齊發火，火趁風威，風助火勢，船如箭發，煙焰障天。」「但見三江面上，火逐風飛，一派通紅，漫天徹地。」萬一找不到人了，對着小毛驢他也可以說上半天。人人看到他，都遠遠躲着，生恐被抓住當聽衆。

有一天，牛二哥扛着犂，牽着牛，準備去耕田，路中碰上了三國迷。三國迷看見牛二，如獲至寶，遠遠地陪着笑臉，急忙迎上去道：

「二哥早！這麼早就去犂地了！趕快停下來歇歇！聽我講一段三國志！」

「我才不聽你瞎說哩！你講得三國都是吹牛。」

牛二哥愣頭愣腦地一說，三國迷可急了，一把抓住牛二哥，一定要爭出個青紅皂白。

「我講得三國，都是照着書本上說的，有憑有據，你說我那裏吹牛了？」

「你說！赤壁之戰，曹操多少人馬下江南？」

「八十三萬啊！」

「不對！前天學堂裏的三先生說，只有三十三萬。你把三十三萬說成八十三萬，多說了五十萬，還不是吹牛。」

三國迷橫遭誣衊，所受的委屈被人家說他不是他爸爸的兒子還難過，立刻兩眼圓睜，青筋暴露，分辯道：

「是八十三萬，一點都不錯，我有書為證。」

「我又沒有看過書，反正人家老師說的，還會不如你嗎？」

「我拿書來給你看！」

「我忙得很哩！那裏有時間看書。」

「請等等！我馬上就拿來，馬上就來，千萬不要走！」

三國迷一邊說着，撒腿就向家裏狂奔。他的書放在炕後面牆邊的架子上，他衝進家門，鞋也不脫，就跳上炕去找書。他有一個不到一歲的兒子正在炕上睡覺。他慌慌張張，也沒看清楚，一腳踩在孩子的頭上，孩子哇呀一聲，立刻腦漿迸流。太太正在隔壁厨房裏作飯，聽到孩子叫聲，急忙跑過來，一看孩子已經死了，抱着屍首大哭。他也管不了這許多，急忙找出三國演義第四十二回，拿着就走，太太一把抓住他的衣角，哭道：

「你瘋了嗎？你看你把孩子都踩死了，你還向那裏走！」

他一掌推開太太，罵道：

「女人家就是女人家，頭髮長，見識短，人家把八十三萬說成三十三萬，把五十萬人都說沒了，你一個兒子值個屁！」

說完，就一溜煙跑了。

二、張飛比文

曹操在鄴郡漳河畔建造了一座銅雀臺，高處直與天齊，每當微風過處，磨得青天「咯吱！咯吱！」價響個不停。又在左右兩旁修建了玉龍、金鳳兩臺，上橫二橋相通，千門萬戶，金碧交輝。裏面所藏的美女，比天上的星星還多。一個個都長得花容月貌，美若天仙。人人都長得太美了，反而分不出個高下，曹操欲宣召甄妃，入居銅雀，帶頭壓陣。孔融諫道：「想甄妃乃是世子曹丕的妻子，殿下的兒媳，公然宣入銅雀臺，在名份上似乎不大妥當。」曹操聽了之後，心中悶悶不樂。有人進策說：「聞說江東喬公有兩個女兒，大的叫大喬，小的叫小喬，都有沉魚落雁之容，閉月羞花之貌，南國嬌娃，比那北地胭脂，更多幾分柔媚，如今大喬嫁與孫策，小喬嫁與周瑜，何不興兵討平江南，娶二喬置於銅雀臺上，作爲東西領隊。」喬公曹操原是認識的，他的兩個女兒，曹操早年也曾見過，果然都是國色天香。曹操聽了，龍顏大喜，立刻傳齊八十三萬人馬，一心要滅孫權，討回二喬，以娛暮年。孰料半路裏殺出了一個諸葛亮，在南屏山上，用鵝毛扇輕輕一扇，扇起一陣東南風，小周郎趁機縱火，燒得曹軍灰頭灰臉，片甲不留，若非關老爺義薄雲天，在華容道放他一馬，曹阿瞞差點連老命都丟在江南了。

曹操赤壁之戰大敗歸去，不念死傷的八十三萬大軍，却念念不忘大小二喬，每天望着銅雀臺，對花落淚，迎月傷心。王朗、鍾繇、王粲、陳琳一般文官獻計道：「我們一般武將打不過劉備、孫權，難道我們的文官會不如他們嗎?臣等現有一條妙計。何不假借銅雀臺落成大典，舉辦一次三國文藝競賽大會，邀請吳蜀選派代表參加比賽，那時節臣等各展所學，重重折辱他們一番，好替主公出一口悶氣。」曹操聽說有理，便明令建安十五年春天，舉行慶祝銅雀臺落成國際文藝競賽大會。用國書邀請蜀吳各派代表一名參加比賽。

話說劉備和諸葛亮正在商討國事，忽報魏國使者賫來國書，邀請派代表參加文藝比賽，這下可爲難了，要比賽打仗，蜀中儘有關張趙馬黃五虎上將。要比賽使謀用計，蜀中也有諸葛亮可獨步天下，單單文藝一項，蜀中就沒有一兩個舞弄文墨的好手。怎麼辦呢?諸葛亮說：

「算了吧!就作一次縮頭烏龜算了。人家魏國人才濟濟，我們能派誰去呢?縱令勉强派一個人去，還不是丟人現眼，一敗塗地，我看乾脆就認輸算了!」

劉備聽了，默默無語，在一旁的張飛却氣炸了肺，大吼一聲，指着諸葛亮的鼻子罵道：

「牛鼻子!你少長他人志氣，滅自己的威風，我們蜀國這麼大的地方，難道就沒有一個人可以和他們比個高下！」

諸葛亮冷笑一聲，說道：

「二將軍你還是去玩你的丈八長矛去吧！人家魏國人才多如過江之鯽，拋開王粲、陳琳一般建安七子不說，單只曹操第三個兒子曹植，天下文才共有一石，他一個人就佔去了八斗。像這樣厲害的人才，我們不要說派人去和人家比賽，見了面，嚇都嚇死了，我們能派誰去呢？派你，你敢去嗎？」

「去就去！俺老張還怕誰不成？曹操百萬大軍被俺一聲斷喝，嚇得屁滾尿流，俺還會怕一個乳臭未乾的小毛孩子不成！」張飛情急，一時說溜了口，自己也覺得失悔。誰知諸葛亮把臉一沉，說道：

「軍中無戲言，立下軍令狀來，此去倘若獲勝，必有重賞，倘若失敗，就提頭來見。」

張飛道：「這不是成心出俺洋相，明知俺不識字，却拿這話來整俺。俺的意思是說，我們蜀國這麼多人，一定可以找出一個人去比。叫俺匹馬單槍去踩平鄴城，俺眉毛都不會皺，要作詩比文，俺却不行。」

劉備從一旁勸阻道：「三弟帶兵厮殺，無人能及，文事上却不在行，軍師還是從長計議吧！」

諸葛亮擺出一付公事面孔，指着張飛道：「原來你也怕死！要想不去，趕快把剛才說的大話收回去，再挨三十軍棍，夾號一月。」

張飛可眞惱火了，男子漢，大丈夫，腦袋掉了也不過留個大疤疤，要立軍令狀就立，俺老張這一輩子怕過誰來。劉備在一旁一再勸說使不得，孔明一意堅持不聽，喚來書記官，立了軍命狀，張飛只得收束行李，打馬上道。

這次文藝比賽，魏國君臣根本沒把吳國放在眼裏，怕只怕諸葛亮詭計多端，不知道派誰來比試。一看來者是張飛，大家頓時心裏冷了半截，這傢伙人人都知道是一員虎將，當年當陽橋一聲大吼，喝斷了橋樑水倒流，驚得夏侯傑肝膽碎裂，倒撞馬下。沒想到他還會文，可要千萬小心應付。比賽的日子到了，因爲來者是張飛，建安七子都不敢輕易造次，公推第一號選手曹植去應戰，雙方上得比試臺，曹植必敬必恭地行了大禮，張飛只大剌剌地唱了個肥偌，坐在那裏一言不發。曹植無奈，淸淸喉嚨，上前打躬言道：「今日貴我兩國，以文會友，將軍不知要跟在下比賽詩賦呢？還是比賽射覆呢？」張飛開言道：「作詩作賦，蜀中三歲小孩都會，當然是比賽射覆了！」那聲音好似轟雷，驚得一般文人，肝膽欲裂。曹植却喜形於色，一揖到地：「請教將軍，誰先出題。」張飛喝道：「强客不壓主，還是你先出吧！」曹植肅容斂手道：「如此有僭了！」

曹植伸出兩手，將兩個大拇指和兩個食指彎曲，形成一個大圓圈。

張飛立刻伸出右手，拇指壓着小指，伸出中間三個指頭。

曹植一看，滿面通紅，連忙伸出兩手，並排翹起兩個大拇指。

張飛用手輕摸肚皮。

曹植嚇得面色蒼白，冷汗直流。戰戰兢兢，伸出右手，拇指和食指叉開，作個八字形狀。

張飛伸出手來，連搖幾搖。

這一下，曹植面如死灰，連道：「甘拜下風！」

主持者，見曹植自承失敗，唯有宣佈張飛獲得冠軍，發給獎品、獎狀。

魏國滿朝文武，一個個看得目瞪口呆，莫名其妙。曹植一走下來，大家圍攏上去，七嘴八舌，詢問究竟。曹植連連贊嘆道：「可怕！可怕！想不到張飛這麼厲害！人人只知道張飛武藝了得，誰知他的文才比武藝還强勝百倍，從今而後，我曹某再也不敢藐視天下士了。」大家忙問：「倒底是怎麼一回事，我們怎麼一點都看不懂。」曹植嘆了一口氣道：

「難怪你們都看不懂，這裏面的學問可眞深奧難測。這次蜀國派張飛來參加比試，我們都知道張飛乃一員虎將，於百萬軍，取上將之首，如探囊取物。他的文事如何，我們誰也莫測高深，所以不得不小心戒懼。我問他比賽詩賦，還是比賽射覆，作詩作賦，我不一定有把握必勝，射覆可是我的拿手本事，天下都推我第一，想來他也是知道的。他竟說：作詩作賦，蜀中三歲小兒都會，當然比賽射覆了。明知我是天下第一，還要和我相比，可見來者不善，不能不小心應付。射覆這門學問，已高出語言文字之外，出題的人，作一個手勢，答題的人必須猜出命意所在，同樣用手勢回答。先出題的人，佔盡先機，我問他誰先出題，倘若相持不下，就用抓鬮決定，那時候我們就可以動手脚，讓我先出。誰知他倒乾脆，說强客不壓主，讓我先出，我佔盡了便宜，那裏想到我却輸得更慘。」

「你兩手比作一個圓圈是什麼意思？」有人提出了問題。

「可見射覆的深奧了，我們比都比完了，你們還看不出是什麼意思。我用手比個圓圈，是說一統天下，我們魏國要一統天下。」曹植不厭其詳的解釋着。

「那麼他伸出三個手指頭又是什麼意思。」

「他說三國鼎立，你們魏國統一不了。我見他猜中了我的意思，趕快伸出兩個大拇指，表示兩國和好。」

「他摸肚子又是什麼意思？」

「他拍胸摸肚，表示唯我獨尊。」

「你伸出一個八字又是什麼意思。」

「我見他又猜中了我的心意，趕快拍馬屁說，將軍八面威風。」

「他搖搖手又是什麼意思。」

「當然是橫掃千軍了！」

大家一聽，都由衷地佩服，這個張飛果然厲害，魏國輸得心服口服。

劉備自從張飛去後，整天提心吊膽，埋怨諸葛亮不該派不通文墨的張飛去出醜。看看張飛回來的日子到了，孔明吩咐準備慶功宴。劉備說：「你糟塌得他也夠慘了，只要他能平安歸來，我就心滿意足，丟人也就算了，你何必還要再糟踏他。」諸葛亮只是笑而不答。張飛抱着大堆獎品興沖沖地回來了，見了諸葛亮把獎品往他面前一丟，罵道：「牛鼻子，看俺還不是奪得冠軍回來了。」諸葛亮笑而不言，劉備沉不住氣了。忙道：

「你這次去跟誰比？」

「跟曹植呀！」

「怎麼個比法？」

「他問我比賽詩賦？還是比賽射覆？」

「你怎麼回答？」

「你知道我不會詩賦，我就唬他一下，說作詩作賦，蜀中三歲小孩都會，當然比賽射覆了。」

劉備跌脚道：「糟糕！你怎麼跟他比賽射覆，不是自討沒趣嗎？」

張飛理直氣壯地說：「我贏了！他問我誰先出題，射覆我雖見小孩玩過，我可眞還不會出題，就再唬他一下，說強客不壓主，你先出好了。」

劉備連連道：「糟糕！糟糕！怎麼可以讓他先出題，你這不是輸定了。」

張飛說：「我贏了！」

「說說你們是怎樣比的。」

「太簡單了，他用兩手比個圓圈圈，我就伸出三個手指頭；他伸出兩個大拇指，我就用手摸摸肚子；他伸出兩個手指頭作個八字，我就搖搖手。這樣我就贏了。你們還說曹植才高八斗，我看簡直是個白痴。」

「你知道是什麼意思嗎？」

「當然知道，不然我怎麼會贏？」

「你說說是什麼意思。」

「他兩手比圓圈，是問我這樣大的燒餅能喫幾個？我伸出三個手指頭表示說能喫三個。他伸出兩個大拇指問再加兩個如何？我摸摸肚子，是說勉强可以吃下去，可是已經很飽了。他伸出兩指作八字形是說再加八個如何？我搖搖手，表示絕對再也吃不下了。」

劉備笑得前仰後合，張飛被笑得莫名其妙。諸葛亮這才說：

「張將軍虎威！張將軍高明！」

三、關公計服周倉

關公青龍偃月刀重八十二斤，赤兎馬日行千里，關公終年騎馬東西奔馳，周倉扛着大刀徒步在後面追隨，你說周倉那裏來的那麼大的神力？怎麼會有那麼快的脚步？

原來周倉共有兄弟七人，一個個都有無比神力，一個個脚心上都有飛毛，走起路來，疾若飛鳥，快逾奔馬。兄弟七人中，就數老么周倉，力氣最小，跑的最慢，但心思却最靈活，頭腦却最聰明。他們常聽人家英雄如何了得。不知道英雄長得是何模樣？作什麼事體？自己兄弟幾個能不能作英雄？家鄉周圍幾百里內又沒有個英雄可資借鏡。有一天，道路傳言，說劉關張要路過他們那裏，那時節劉關張已是名滿天下的大英雄。於是周氏七兄弟一大早就到路旁守候着，要看一看英雄到底是什麼東西。

等人的時間最難打發，七個人閒得無聊，正好路旁有幾個磙礴，每一個約有六七百斤輕重，他們便撿起幾個，扔上去，接住，再扔上去，像小孩丟石子一樣，老大最行，同時可玩五個，其餘有玩四個的，也有玩三個的。正在玩得起勁，劉備等人到了，一見這種情形，嚇得魂飛天外，「我的媽呀！這麼重的磙礴竟然當做小石子來玩，你說他有多少力氣？」劉備嚇得直哭，關公嚇得滿面通紅，還是張飛急中生智，冒冒失失走上前去，猛喝一聲道：「呔！鳥男子！你們在作麼？」周家兄弟聽見有人說話，停止扔磙礴，由周老大回答道：「我們在等英雄，聽說劉關張是英雄，我們要看看他們長得這麼個三頭臂？」張飛心想：「糟了！合自己兄弟三人之力，恐怕還擋不住人家一拳，這可如何是好？」索性唬他一下再說，便喝道：「呔！漢子，俺兄弟就是劉關張，闖江湖要英雄，必須用你的武器打你一下，你能挨得住，才算英雄。我大哥使用雙股劍，我二哥使用青龍偃月刀，俺老張使用丈八點鋼矛，都叫人家用我們的武器打過我們，我們挨下來了，所以我們是英雄。你們用碌碡作武器，也要挨一碌碡，能挨住就是英雄。過來！按照大小排好隊，讓你家三爺打打看。」七個人聽張飛一說，竟然乖乖地排成一列，張飛雙手用盡平生之力，手擧起一個碌碡對着周老大的頭砸去，立刻腦漿迸流，嗚呼哀哉，依次老二、老三、老四、老五、老六，一個個都被張飛砸死了。老七周倉，最爲乖巧，一看情形不對，跑到關公面前，雙膝跪倒，苦苦哀求道：「老爺！可憐可憐我，我再也不敢充英雄了，你叫那個豹頭環眼的人不要打死我，我情願一輩子給你扛刀！」張飛也實在打不動了，只得罷手，於是周倉便作了關老爺的扛刀的。

周倉拿起關老爺的寶刀，沒有想到竟輕如鵝毛，因爲用力太猛，差點閃斷了腰。心想，這個人的武器這麼輕，力氣一定有限，何不找機會替諸兄長報仇。對關公便意存輕視。關公猜透了周倉的心思，晚上住進客店，叫周倉找一根鷄毛，命令他逆風扔過牆去。周倉使出了吃奶的力氣，足足扔了三個時辰，扔得滿頭大汗，精疲力竭，始終扔不過去。關公抓一隻鷄輕輕一丟，鷄便飛過牆去。關公問周倉一隻鷄身上有多少根毛，周倉說：「多的數不淸。」關公說：「這就對了！你連一根鷄毛都扔不過去，我把那麼多的鷄毛，輕輕一下就扔過去了。」周倉從此對關公的神力，佩服得五體投地。

周倉始終不忘殺兄之仇，無如關老爺旺運當頭，始終找不到下手的機會。後來關公運數將盡，大意失荆州，夜走麥城，低着頭騎馬趕路，周倉從後面擧刀準備偷襲，關公在月光下看見了周倉擧刀的影子，喝道：「周倉意欲何爲？」周倉連忙回道：「刀太重了，我想換換肩。大人怎麼會看見。」關公道：「你不知道，我有前眼、後眼、左眼、右眼，你在我後面的擧動，我看得一清二楚。」周倉嚇得直伸舌頭。落店後，關公恐怕周倉意圖不軌，趁着周倉熟睡的時候，用燈火把周倉脚心的飛毛給燒掉了。第二天上路，周倉便趕不上赤兎馬。關公碰上了吳將潘璋，高叫：「周倉拿刀來！」周倉急急忙忙奔上前去，慌亂之中，竟把刀交到潘璋手中，關老爺就這樣胡裏胡塗被殺了。

四、孔子和釋迦論道

你知道釋迦牟尼佛眉心上的紅點怎麼來的嗎？是孔子彈出來的。釋迦牟尼大拇指壓着中指，伸直食指、無名指、小指，準備幹什麼？準備彈孔子。

釋迦牟尼創立佛敎，不敬王者，不拜父母，非聖不法。有一天，孔子和釋迦在喜馬拉雅山頂上論道，往復辯難，從日出到日暮，始終沒有結果。孔子便出奇致勝。說道：「你們佛家連字都念錯了，還有什麼資格和我辯論。」釋迦說：「佛門戒律森嚴，抄錯佛經一字，下斷手地獄；看錯佛經一字，下剜眼地獄；讀錯佛經一字，下拔舌地獄。絕對不可能念錯字。」孔子說：「我們打賭好嗎？倘若我找出一個錯字就在你眉心中彈一個栗苞如何？」釋迦說：「好！」孔子用打過原壞的手杖在地上寫了一個「南」字，問釋迦這是個什麼字，釋迦說：「南」；又寫了一個「無」字，問：「這又是個什麼字？」釋迦說：「是無字」。孔子又寫了「南無阿彌陀佛」六個字，問怎麼念，釋迦道：「那麼阿彌陀佛」。孔子說：「這不截了！明明是南無，爲什麼讀那麼？錯了吧！讓我來彈。」釋迦無奈，唯有伸出頭讓孔子彈。孔子是山東人，山東人是有名的山東大漢，孔子更是山東大漢中的大漢，身長九尺六寸，力氣大得了得。兩個栗苞把釋迦眉心彈起了一個大紅包。釋迦又疼又氣，說道：「你們儒家也讀錯字。」孔子說：「絕對沒有。」釋迦說：「我要找出來了，咱們也如法泡製。」說着順手在地上寫了個「於」字，問孔子這是什麼字，孔子說：「於」，又寫了個「戲」字，孔子說「是戲」，釋迦說：「兩個字連起來呢？明明是於戲，爲什麼讀嗚呼呢？讓我來彈吧！」便伸手作彈栗苞狀。孔子一看，儒家破音字不知有多少，彈起來那還得了。便脚底抹油，溜之乎也。釋迦牟尼跟在後面窮追。一直追到中國各地，到處找孔子。所以釋迦佛像的右手都作彈栗苞形狀。

三先生的戒尺

「三先生來了！」

喧嘩的廟會上突然像停電的收音機一樣，一下子就鴉雀無聲，連叫賣的小販也噤若寒蟬。

在史家溝裏，三先生的大名可以嚇死活閻王。小孩子晚上哭鬧的時候，只要說一聲「三先生來了！」立刻大氣也不敢再喘一口。

三先生是廟臺子初級小學的教員，也是我們父子兩代的業師。他本是史家溝私塾的塾師，後來史家溝、別家溝、孟家寨三村合設一個公立小學，他便順理成章的成了這所公立小學的唯一教員。他的尊人是前清的拔貢，他家門口豎着一根無斗旗桿，傳說是皇帝賞的銀子豎的，三十年內旗桿倒下來，壓死人不要償命。照說舉人門口才准豎立單斗旗桿，進士門口豎立雙斗旗桿。拔貢門口豎旗桿似乎有點僭制。鄉下人眼皮子淺，管不得什麼僭制不僭制，三先生家門口從沒有小孩子敢去玩耍，一般人都繞道而行。三先生本人只是一個「增生」，所謂「增生」就是秀才（附生）歲考名列前茅而升補的「增廣生員」。老拔貢是白水東鄉有名的塾師，家父就是在他手上啓蒙的。後來老拔貢年歲大了，三先生繼承父業，作了他老子的衣缽傳人，在子曰行裏也頗有聲名。

三先生像電線桿一樣的身上一年四季都穿着一襲破舊的青布大褂，我從來沒有看過他的臉長得是個什麼樣子，每次遇到他，我只能低頭看他那雙破舊的布鞋、髒兮兮地已經看不出原來是什麼顏色的粗布袜子，還有那兩條紮在褲脚管上的布帶。他的聲音冰冷的像從三多北極寒冰底下冒出的寒流。偶而一聲暴喝，猶如一聲悶雷，小孩子常被嚇得屁滾尿流。

三先生的學塾本來設在史家溝的破窰裏，入民國後才搬到西蘭公路旁的廟臺子。這裏原來是一座關帝廟，同治回亂時毀於兵火，後來由史家溝等三村人士集資在廢墟上修建了這所小學。最初叫做「平涼縣白水鎮史家溝初級小學」，後來孟家寨出了一位孟議員，不能再讓史家溝的人獨佔光彩，遂改爲廟臺子初級小學。再後孟家寨因出了一位高團長而改爲高家寨，又要把學校改爲高家寨小學，因史家溝的人誓死反對，才沒有改成。

學校佔地二十畝（相當二甲），四四方方一大塊，四周圍以土牆，牆外圍繞着一圈垂柳，門前有一條小溪。小溪之外便是直通玉門的古絲道。也就是西蘭公路。校舍是由三幢平房所組成的凵字形建築。正中坐南朝北是一幢五楣六椽三楹的大講堂。有點像神廟的大殿，同學們都把它叫大殿。東西兩廂各有一排廂房。正殿兩側和廂房之間形成兩個小院落，東側的耳房是廚房，西側的耳房是便所。西廂房是一大廠間，作爲一般學生讀書寫字的場所，東廂房隔成一明兩暗三小間，明間正對門的牆下擺了一張條桌，上面供奉着「大成至聖先師孔子之神位」。兩個套房，左側是老師的治事所，右側是大學長的書房。全部建築只佔全校區南邊的四分之一，剩下北面的四分之三全是空地。

這所學校名義上雖叫學堂，一切作法還一仍私塾舊貫。初上學的孩子由家長率領着，用提盒提着四色小菜、一壺老酒、三柱清香。先到孔子牌位前，上香獻祭，家長和學生一同向大成至聖先師行三拜九叩禮。然後把酒菜端到老師房裏去，給老師斟上酒，家長向老師作個揖，學生磕三個響頭。老師拿起毛筆在一張紅紙條上寫上學生的名子，倘若原名不雅，老師還要給另起一個學名。老師吃喝之餘，剩下的酒菜，再端到大學長書房，小學生恭恭敬敬向大學長作揖，家長千拜託、萬拜託，求學長多多照顧，拜師儀式便算告成。家長回去後，學生則由大學長帶到老師面前去「號書」，請老師指定今天念那些書。用油紙裁成普通郵票大小的「號帖」，貼在書頭上，例如所讀的是三字經，老師在「號帖」上寫「人遠」二字，表示這一天要由「人之初」讀到「習相遠」，一本書要兩個「號帖」輪流使用，第一天的「號」過了，要貼上一張新的準備第二天使用。第二天「號」過了，才可以把第一天的撕下來，用舌頭舔掉上面的字，再貼上去準備第三天使用。「號」過之後，老師領着讀一遍，然後指定一個「小老師」帶去「認書」，由一個讀書較多的同學帶領着一個字一個字地念。那時候沒有注音符號，完全死記「口歌」。就有那種人，四句書教一天還不會念。至於認字，就更甭說了。一般初讀書的不外讀些「三千百」（三字經、百家姓、千字文），普通一天只念四句到八句，智慧高的每天也不過只讀十來句。一本「生書」（初讀的書）要讀三遍。倘若第一遍每天讀八句，從頭到尾讀完之後，第二遍再從頭讀起，每天讀十六句，讀完之後，第三遍便要每天讀三十二句了。三遍讀完後還要背一次「通書」，整本書由頭到尾一口氣背一遍。能背下來的才成爲「熟書」，便要另外再「上」新書了。另讀新書後，並不是說熟書從此不用再讀了，事實上每天重溫一段，背給老師聽。書讀的越多，每天要溫背的熟書也越多，一個大學長每天要背五六十本書，當然囉！每本書只背一段，要是全背，那還得了。就是這樣，也要浪費很多時間。因爲一再重複背誦，所以每本書都背得滾瓜爛熟，擱下幾十年，也不會忘記。

學校作息，千篇一律，早上天不亮就挾着書包上學。那時候的書包，只是四四方方一塊布，一個角上釘一根繩子，繩子一端拴一個制錢，書放在包布中央，把包布四角包起來，用繩子一綑，繩子頭用制錢別起來。這樣的書包，只能挾在腋下，絕對不能背，所以只有挾着書包上學。到了學校，在晨光微熹中，急忙溫習昨天所認的「生書」，一會兒老師到校了，同學們雙手捧着打開的書本，戰戰兢兢地走到老師面前，恭恭敬敬地把書擺在老師書桌上，深深地作個揖，轉過身來，背對着老師，一句一句地背誦。倘若結結巴巴，背得不够流利，老師那個特大號燙熱的旱煙鍋子就會砸到你的頭上，不要說那鐵錘也似的一擊了，單只煙鍋的熱度就足够燙得你皮焦肉爛，好多同學頭頂上經常都頂着幾個大疙瘩。背完書後，老師在「號帖」上號上當天要讀的生書，大學長由老師點句讀、教生字，小學生由學長教導。背完書，認會生字，太陽也爬得老高了，搖鈴集合，整隊回家。一天的第一道鬼門關便算闖過了。

回家吃過早飯後，又三三五五回到學，上午時光雖然一樣難熬，但是不用背書，挨打的危機也就少多了。通常都是二三十個小猢猻在大講堂上正襟危坐，低頭默誦，老師坐在講壇上打瞌睡。小孩子的屁股和猴子一樣，永遠不能在板凳上靜坐一刻鐘。可是私塾就是要磨練他們的「坐性」，一個人必須先練會在椅子上連續坐上四小時以上，才配作讀書的料子。小孩子在硬板凳上，如坐針氈，度日如年，只有借「尿遁」溜出去，活動一下筋骨。這也有種種限制，老師的座位旁掛着一個牌子，一面白，一面紅，白的一面寫着「入敬」，紅的一面寫着「出恭」。內急的同學，戰戰兢兢走到老師面前，作一個揖，把牌子翻掛出「出恭」的一面，才可以去入厠。回來後，再翻掛出「入敬」，又向老師作個揖，回到自己的座位上去。一次只能允許一個出去，當第一個人出去還沒有回來時，任你如何內急，也不能出去。遇到天氣晴朗的日子，全體同學都要到院子裏去，沿牆根每隔三公尺貼一張條子，條子上寫着學生的姓名，每個人站在自己的姓名前，拉大喉嚨，高聲朗讀，與其說是朗讀，不如說是吆喝，叫得越大，表示越守規矩。不管風吹日曬，都不許離開自己的位子。

一些書讀得多的學生，上午有一段時間可以回到廂房裏去寫字，叫做「寫倣」。私塾教寫字，共分四個階段，循序漸進：初段是「描紅」，在印好的紅筆鈎出來的大字上，塗上黑墨。那時候描紅帖得來不易，好多學生都越過了這一關；第二階段是寫「倣格」（實格），由老師寫一張範本，學生把透明紙蒙在上面照描；第三階段寫「空格」，老師寫範本時，寫一個字，空一個格，學生第一個字照描，第二個字就照第一個描的字，再寫一遍。第四階段才是臨帖。三先生一筆黃自元寫得實在不够高明，所以廟臺子小學敎出來的學生，幾乎沒有寫好字的。學校沒有鐘錶，完全看太陽影子行事。當太陽照到中天，東西兩廂屋簷下影子相等時，又搖鈴集合，整隊回家吃午飯。

下午是溫背熟書的時間，人數多，每人背的書都不止一本，全部背完需要很長的時間，所以老師一到，同學便一窩蜂擁到門口，搶着先背。背完後，便可以在校區內自由行動，或高聲讀書，或練習寫字，大部分同學都躲到厨房或厠所前的小院子裏胡鬧。牛羊下山，宿鳥歸巢，才整隊回家。

沒有星期例假，天天都是風雨無阻。一年之中，只有三節兩假。清明節、端午節、中秋節各放假一天。夏天放忙假一個月，冬天放年假兩個月。初一十五𥨊課，學長們寫作文的免於背書。此外便沒有一天放假休息，學生都希望三先生害一場大病，請他個十天八天的假。說也奇怪，大家越詛咒，他越活得硬朗，連傷風感冒都很少有，只有偶而因事外出一下，這對學生來說比監獄裏的死囚突逢大赦還高興百倍。只要老師前脚一走出校門，整個學校像馬蜂窩裏戳了一扁擔一樣，簡直就要爆炸了。什麼樣的怪名堂，什麼樣的惡作劇，都做得出來。十幾個小男孩，排成一列橫隊，站在操場，比賽撒尿，看誰撒得高，看誰撒的遠。幾個大學生把小學生抓起來，兩手兩脚綑在一起，在牆上釘一個木樁給掛起來。你說這還像話嗎？還有更不堪的事情呢！總之，「放羊娃」、「學生娃」是鄉村公認的最會惡作劇的兩羣小壞蛋。

「教不嚴，師之惰。」三先生的聲名就是靠活剝皮建立起來的。我沒有見過天牢裏的十八般刑具，一想到三先生那些大大小小的刑具，雖然如今已事隔五十年，仍然還禁不住心驚肉跳，膽戰心寒。三先生打手心打屁股的板子叫做「戒尺」。共分三號：都是榆木作的。小號的四十五公分長，四公分寬，半公分厚；中號的長寬和小號一樣，只是比小號的厚一倍。大號的六十公分長，六公分寬，兩公分厚。三種戒尺之外，還有那支他經常拿在手裏的旱煙袋，半公尺長的湘妃竹桿，翠玉嘴子，特大號赤銅煙鍋。稍不如意，煙鍋子就向人家頭上砸。書背不會了，要打，字寫不好了要打，文章作不通了要打，上學遲到更要打，上厠所時間久了也要打，在學校吵鬧尤其非打不可，打！打！打！他大概就是爲了打人而生的。通常書背得結結巴巴，用旱煙鍋子捶。偶而一次背不過了，用小號板子打手心。經常背不會書的用中號板子打手。犯了大錯，用大號板子打屁股。只要老師一拿起板子，受罰者立刻雙膝跪地，自動伸出手來，聽任老師敲打，不管打得多重，都不敢閃躲。幾板子下來，手心立刻腫得像發麵一樣，同學們立刻收集硯臺，一個冰冷的硯臺放在受傷的手掌上揉兩三下後，硯臺便發熱不能再用，必須另換一個。如此揉過之後，最快三兩天才能復原。有些同學實在被打得忍受不住了，不肯把手指頭伸開，老師便會動用更可怕的刑具，在一條板凳上，打兩個洞，穿一根繩子，繩子兩頭在板凳下打一個結，成爲一個套環。受刑的學生把手平伸在凳子上，四個指頭套在繩子下，老師用脚踩住椅下的套環，使手指頭不能動，拿起板子來，狠狠地揍。除了打而外，還有罰跪，這也按輕重分爲三等：最輕的一種，只罰使在地上跪一個時辰；再重一點的，跪在地下，頭上還要頂一塊磚頭；最重的，磚頭上還要擱一碗水。再潑皮的學生，一見老師拿起板子，沒有不嚇得屁滾尿流的。最奇怪的是那些家長，老師對自己的子弟打得越兇，以爲老師管敎的越認眞。對老師也就份外感激。三先生就仗着三張板子成了白水東鄉響噹噹的塾師。天可憐！不知道多少堪造就之才被他打成不堪造就了。說也奇怪，有一個同學，整整讀了三年，還沒有讀完一本只有一千一百四十個字的三字經。每次背書，只要一到老師面前，渾身直打哆嗦，一個字也背不出來。說他笨嗎？整本的大本戲，只要看過兩三次，無論唱詞道白，他可以一字不遺地重演出來。每次老師外出時，同學們都圍繞在外身邊，聽他說戲。後來當然由於「不堪造就」，同家種田去了。

筆者進三先生的學塾之前，已經讀了不少的書，一踏進校門就作了大學長，照說不該挨打了，但是事實上還被打過一次手心。背書、作文他都找不出我的毛病，他便生出一個法子，要我在短短的幾天內，順次序背出從漢武帝「建元」到清「宣統」所有正統朝代的年號，結果當然沒有背出來。由於那次挨打，使我一輩子恨透了年號。如今年號記得更少了，挨打的事却永遠清晰地留在腦海中。

敬惜字紙

看着滿床橫七豎八的書，不禁又想起了兒時的往事。六十年前，在我的故鄉——甘肅省平涼縣白水鎮，書和祖先牌位一樣神聖。書經常被供奉在書案上，洗淨手、漱過口、正襟危坐，才敢打開來閱讀。窮急了儘管可以頂着鍋蓋去賣，再窮也不能把書賣人。當時一般人的心目中，書裏面講的都是金科玉律，只要有書爲憑，誰也不敢稍存懷疑；書中自有顏如玉，書中自有黃金屋。書讀「通」了就可以平步青雲，佩紫懷黃，揚名聲，顯父母，光前裕後；書還可以避邪驅鬼、醫治百病。夜行的人，行囊中裝上一本書，就可以使鬼神遠避；建造新房屋上樑時，在正樑上綁上一雙筷子一本書，此後百無禁忌；打擺子（瘧疾）的人，於瘧疾來臨前，拿出後漢書光武本紀高聲朗誦昆陽之戰，據說可以嚇跑瘧鬼；夢魘的人，心中默唸「子不語」即可夢魘離身。非特聖賢經傳如此，任何白紙上寫的黑字，都神而明之，千萬褻瀆不得。婦女們剪鞋樣花樣，絕不能用有字的紙，剪破了字下輩子就要變瞎子；小學生練習寫字，不管臨時發生多大的緊急變故，必須把一個字寫完了才可以停筆，否則就把字「吊死了」，吊死字是犯罪的。更不可以寫字罵人，那是閻王爺要拔舌剜眼的。有一種專門積德行善的「善人」，脚登多耳麻鞋，白布長筒襪子經常套在褲脚管上，身着道袍，頭縮道髻，手執方便鏟，背上背着一個大竹簍，到處檢字紙，檢滿一背簍便恭送到「惜字爐」去焚化。每一個村庄都有一個「惜字爐」，樣子和臺灣寺廟中的「焚金爐」完全一樣，只是門額上橫書「敬惜字紙」四個大字。小學生對於書的禁忌更多了：書由書桌上掉下來叫做「跳厓」，預示這一天要挨打，禳解的辦法，雙手畢敬畢恭地把書請回原處，深深地作一個長揖；要是和那一位同學有仇，把他的書偷過來放在屁股底下壓一壓，他就會因背不過書而挨打。一個私塾中聚集十幾二十個學童，不分年級，不論長幼，誰讀的書最多誰就是「大學長」，「大學長」的威風可大了，他咳嗽一聲，小學生就會兩腿發抖。筆者當年曾作過兩年學長，記得當時讀過的書也不過是：三字經、百家姓、千字文、弟子規、七言雜志、論語、孟子、大學、中庸、龍文鞭影、幼學瓊林、孝經、詩經、左傳、禮記、尙書、易經、鑑略妥註、了凡綱鑑、論說精華、二論引端、四書備旨、古文觀止、論說指南等，總共不到百把本，居然也算頂兒尖兒了。這些課本都是老師和家長商量好，由家長買來備用。學生對課本只有敬畏，壓根兒就不喜愛。讀書也只牢記口歌，根本不求去了解。

第一本由於愛好而買的書，並不是什麼聖經賢傳，而是學校禁閱的小說。我們那間私塾，是一棟馬蹄形的建築，正中坐南向北是大講堂，西廂是同學讀書寫字的地方，東廂一排三間，正中是堂屋，左右兩個套間，一間是老師的，一間由大學長佔用，房子前面是一片大廣場，平常日子，學生都在廣場上拉大喉嚨大聲唸書，院牆四周圍繞着一圈垂柳，今天回想起來，眞是美極了。有一天老師有事外出，我偷偷溜進他的房子裏去，看見案頭上十三經注疏下面壓着一本書，抽出來一看竟是從沒見過的「今古奇觀」，由於一時好奇，隨手打開一看，「啊！天下竟有這樣迷人的奇書？」眞是不忍釋手，但是恐怕老師回來，又不敢多看，那種滋味比在饞貓面前掛一條腥魚還難受。行走坐臥，都想着那本書。於是天天盼望老師外出，只要他一走出校門，我就叫一個同學在門口把風，自己趕快溜進去偷看。每次提心吊膽，只能看上一回半回。還沒看到一半，老師那本書突然不見了，大概是拿回家裏去了，那時的心情，比愛人跟別人跑了還難受。鄉下沒有書店，小孩上城的機會絕無僅有，偶爾有闖學堂的「筆客子」（賣文具紙張的人）到學堂裏來，賣的也不過是紙墨筆硯，很少有賣書的，就是有也只是些「三千百」之類。有一次居然有人夾帶了幾本小說，其中赫然竟有「今古奇觀」，我眞如獲至寶，喜出望外，拼着老命也非把它弄到手不可。那時候鄉下孩子身上是不作興帶錢的。我把全校二十幾個同學身上的錢都借光，還湊不够數，無奈只有和那個賣書的死纏活纏，差點沒有下跪，最後他才勉强同意成交，尾款下次來時再收。爲了這本書，我足足苦了半年，才還清債務。對於它我珍若拱璧，愛逾性命，就是拿全世界來交換，我也不肯答應。抱甕老人在我心目中的地位，竟超過了孔子、孟子。後來雖讀了三言（喻世明言、警世通言、醒世恒言）二拍（拍案驚奇、二刻拍案驚奇），但是對於這本第一個闖進我生活中的小書，至今仍有一份溫情與偏愛。

往後進了高等小學，因爲是揷班生，沒學過「立正、稍息、暢步走、便步走」，上「體操」時和同學們和不上步子，老師就免了我這門功課，叫我去管圖書館。圖書館中雖然只有一萬多册圖書，但因校長車伯高師的喜好，一些舊章回小說，像三國演義、水滸傳、儒林外史、西遊記、封神榜、精忠岳傳、隋唐演義、粉粧樓、三門街、兒女英雄傳、紅樓夢、蕩寇誌、七劍十三俠、小五義、鏡花緣、施公案、彭公案等，應有盡有，這下我可如魚得水，索性搬到圖書館裏去住，日以繼夜地看小說，把功課幾乎都荒廢了。鎭上賣書的人也多了，同時自己的口袋裏也開始裝錢，於是我便發瘋也似地買。把歷代通俗演義從東周列國志一直買到大紅袍，那時候蔡東藩的「歷代通俗演義」還沒出版，不然買的就更多了。小說看多了，慢慢發覺荒誕不經，正好圖書館有一部大字本資治通鑑，我因有背過鑑略妥註和了凡綱鑑的基礎，讀起來並不費力，於是興趣一變，又埋頭看資治通鑑，高小幾年，就這樣糊裏糊塗地過去了。讀中學時興趣又變了，從古的改換成新的，從中國的改換成翻譯的，這時又瘋狂地收集新文學作品。不知道什麼好壞，也不懂什麼左右，只要是新文學作品就買，鄭某人編的「新文學大系」、某君所編的「中國一日」，以及翻譯的「世界一日」，都是我那時費盡心血弄到的珍藏。林琴南翻譯的小說，更是看到就買。教務主任王堯天師由圖書館管理員洊升至教務主任，完全靠自修得來的，腹笥之廣，一時無兩。他又喜好文學，同學們受他感染，幾乎人人都買書藏書。不過大家都沒有計畫，一味地亂買亂看，犧牲了不少寶貴的時間。

到了蘭州，我第一次看見舊書攤，而且第一次就買到了一本鄉賢吳可讀（柳堂）的藏書，哥倫布發現新大陸恐怕不見得有我當時那末高興。於是我立刻迷上了舊書攤，一迷就是一輩子，甚至還把這個癖好傳給了兒子。舊書攤上不但可以買到久已失傳的好書，舊書讀起來比新書更親切有味。偶爾發現舊主人的眉批或夾注，倘若深獲我心，便如與好友論難，誠人生一樂也。有時候看原書主的珍藏鈐記，遙想當年他呵護之殷，曾幾何時，竟落入我手中，何其癡耶？繼又一想，我今笑人癡，他年此書落入別人手中，難免他又笑我癡，所以我的書上不寫名字，不用鈐記，免留鴻爪雪泥。嗣後奔走四方，每到一處，必流連舊書肆，久而久之，從舊書肆中可以看出當地的文化程度，在成都、重慶、漢口、長沙、南京，我都在舊書攤上見過不少好書，但最令人念念不忘的還是蘇州和北平。蘇州的臥龍岡常常有許多好書，尤其詩文之類更多，北平的琉璃廠、海甸、隆福寺、東單商場、西單商場，更是中華文化的總滙。好多各大圖書館沒有的書，舊書店裏可能還有。看過知堂老人「書房一角」的人，都震驚於他收藏之精，等到我和舊書店混熟之後，我才了解他爲什麼那麼迷北平。北平還有一種「手打小鼓肩有擔，專走胡同買破爛」的打鼓的，他們收買珠玉器金銀翠飾及細軟衣服家具，也收買書籍字畫，筆者寄居東城帥府園對面，一邊靠王府大街，一邊靠梯子胡同。常有打鼓的在門口聚會，不要小看那些窮哈哈，他們之中，頗有些法眼很高的人物。筆者和他們廝混熟了，常請他們進房子裏喝口茶，或讓他們在院子裏大槐樹下歇歇，因爲很少人對他們這麼客氣，他們也投桃報李，有甚麼書籍先拿來給我看，順便估估價錢，幾年之中，的確搜購了不少好書。可惜一本也沒有帶出來。

書這種東西，買起來價值連城，賣起來形同廢紙。搬起家來，除了金條，就數它重，對於一個居無定所，行無定止的人，收藏它可眞是一大難題。過去老家還可通郵時，買來的書看過之後，暫時用不着的，就往家裏寄。僅只有一部廿四史、資治通鑑、十通和幾本工具書，經常隨身携帶，這樣已經够累贅了。自從家鄉音訊斷絕之後，可就慘了，書依然買，買來之後，收藏搬運，眞傷透了腦筋。尤其搬家前的裝箱綑紮，搬到新居後的啓箱上架，更是勞神費事。窮敎員所住的房子都是窄鼈鼈的，連個擺書架的地方都沒有。窮則變，變則通。把所有的書籍都裝在肥皂箱裏，十六個箱子分兩行排列，每行四個，上下兩層，堆積起來，面上放一張塌塌米，舖上床單，便成了一張床，十二個箱子，左右各擺六個，上面架一塊保麗板，就成了一張漂亮的書桌，兩個箱子疊起來，舖上一個海綿墊，就是椅子，靠牆一溜排上兩層八個箱子，蓋上布罩，舖上墊子，又是沙發。這樣三坪半的房子裏，就放了三十八個箱子，大大小小可裝四千多册。只是找起來可就麻煩了，往往爲了一册書，翻床拆桌子，搞得天下大亂。幸而箱子都編了號，書也編了目錄，只要先查出這本書在那一箱，然後再決定翻床、拆桌子，還是拆沙發。一些常用的書擺在架上準備隨時取用，也就不覺得太麻煩了。但願有一天，我能有一間十坪大的書房，除了門窗而外，四周都是由地板到天花板的書架，架上擺滿圖書。住宅附近再有一所開架式的圖書館，此生於願足矣。

抱殘守缺談讀書

在這「專家」當權行令的時代裏，不膜拜「學理」、不唾棄「常識」，便不能算是現代人。常識越少，怪論越多，學問自然就越大。只要是「專家」說的，管它是張天師的鬼符，還是洪通的塗鴉，都得打從心眼裏佩服，不然怎麼能趕得上時代？國王光著屁股在街上跑，聰明人都會由衷地讚美他身上所穿的新衣裳的華麗，誰也不會心甘情願被人家當作傻瓜看待。只有那涉世未深、不愁衣食的小孩子，才有勇氣講出自己心裏的老實話。小孩子，一不怕砍頭；二不怕丟飯碗；三不怕人家笑話，才能童言無忌。倘若他再磨練十幾年，打死他也不敢再說國王身上沒有穿衣服。筆者從小就被人叫做「朱大傻」，近十年來又住在瘋人院旁，鬼迷心竅，硬是不信邪，非說他幾句大老實話不可。

任何偉大深奧的學理，倘若不能演變成爲常識，那麼這種學理必是象牙之塔裏的神話，終歸是要淘汰的。十七世紀哈維的血液循環說還是高深莫測的玄學，今天三尺童子都能講出它的所以然來；三百年前牛頓的萬有引力定律比今天的核子物理學還要高深玄妙一百倍。今天你我都知道拉大便時臭糞不會在空中飛舞是啥道理。大凡一種學說，最初發現時可能是只有專家才懂的學理，要想眞能應用，却非把它變成常識不可。國父說：「非常革新之學說，其理想灌輸於人心，而化爲常識，則其去實行也近。」我們要知道，學說要實行，非化爲常識不可。但是學說能否變化爲常識，還要看這種學說能否經得起事實的考驗。十八世紀歐洲的民主學說，潘恩簡化爲僅有四十七頁題名「常識」的小册子。終於促成了美國的獨立。美國立國實拜「常識」之賜。偏偏美國人今天却輕視常識，甚至故意反常識。等而下之，一些販賣美國包裝紙的洋尾巴學者，更以反常識來掩飾他們的不通，太陽由東邊出來是常識，日頭由西邊升起是學問，你相信那一個，就看你的教育程度了。

照常識說，最適當的人，在最適當的時機，用最恰當的方法，做最合適的事情，必能事半功倍。王貞治打棒球可以打出八百支以上的全壘打，叫他去下圍棋恐怕很難上段；林海峰下圍棋可以打遍天下無敵手，叫他去打棒球，能否打出一支全壘打，還要看運氣。人各有所長，也各有所短，用長捨短，則天下皆可用之才；捨長用短，則天下無可用之人。倘若叫愛因斯坦踢足球，比利講相對論，林黛玉打拳擊，阿里學繡花，你想會有什麼結果。所以學習一技一能，要選性之所近，身之所長，不可盲目相信教育萬能。什麼人都能學會任何事物，那全是騙人的。爲事擇人，也要選擇適合的人，要嚴復去做輪機長，頂多不會壞事，要嚴復來翻譯書籍，却成就非凡。

人生要經過各種不同的年齡，每一種年齡期內，某方面特別行，某方面特別不行。八十老翁體力再好，也不能和十幾二十歲的精壯小夥子，在百米賽跑中爭一日之長。對三歲小童講世態炎涼，和對七十老翁講小猫跳、小狗叫，一樣都是對牛彈琴。小孩兒人家，入世未深，思慮單純，記憶力特別强，因爲所知有限，思慮不週，理解力就差得多了。慢慢地年齡越大，記憶力逐漸減退，而理解力則逐漸增强。人們學習事物，有些須要記憶，有些須要理解，更有些須要反覆不斷的練習。固然理解可以幫助記憶，但理解並不能完全代替記憶。一個六七歲的小孩，叫他背誦一篇文章，多讀幾遍也就記住了，要他理解治國平天下的大道理，那就未免强其所難了。如今的敎育家一定要求小孩子凡事都要理解，豈非是趕著鴨子上架。年紀大了，記憶力差了，才叫他來記憶，眞是大熱天叫他穿毛衣，三九天開冷氣，阿彌陀佛，這是什麼科學？

一隻手伸出來，五個指頭也有長有短。聖、賢、才、智、平、庸、愚、劣各有不同，豈能一概而論。再愚笨的人也不屑和老鼠同伍，偉大的實驗心理學家，用老鼠實驗出來的辦法，硬要施之於人，把人和老鼠當做同類，眞是「有敎無類」。中國古代敎育家一心一意把人類從禽獸中拔出來，歐美近代敎育家卻千方百計要把人和禽獸等量齊觀。「鳥獸不可與同羣」，打死我也不敢把我的學生當老鼠看待。作事要有作事的方法，敎人也要有敎人的方法。人的資質不同，年齡不同，所用的敎法自然也應有所不同。天下還沒有一種可以醫治百病的萬靈丹。鼓勵固然勝過懲罰，但是要看對什麼人？牛車伕趕車，老牛賴著不肯走。車伕不能說：「老牛啊！你乖！你辛苦我知道。你快走，回到家裏，我給你草料吃，還給你發一張獎狀。」說了也是白說，這時候只要一鞭子就把問題解決了。不到十歲的小孩子，懵懵懂懂，凡事都給他講道理，說破嘴皮不見得有什麼效用，適當的懲罰，反而可以收立竿見影之效。對於一般兒童來說，作對了有獎，作錯了有罰，趨利避害，人之常情。只有獎，沒有罰，只是一隻獨脚，怎能跑得動。今天我們事事模仿美國，以爲凡是美國的事物都是至善至美的。據美國的詢問報調查的結果，全美共有一百四十萬三千個教師主張用體罰維持學校的紀律，佔全體教師人數的百分之六十一。有五十九萬八千個教師，因爲學校風氣太壞想辭職不幹。百分之八十四的教師認爲學生家長沒有好好地管束子女。縱容的結果，等於集體「屠殺」。一個負責的園丁，當樹苗幼小時，發現樹幹歪曲了，把它扶直，發覺長出不該有的橫枝，趁著還小的時候，忍痛把它剪掉。嫩枝扶正，樹本身當然要受點苦，但是爲了成材，這點苦還值得忍受。若幼小時任其自然發展，等到長成形後再來矯正，那就來不及了。小孩兒家，可塑性大，染於蒼則蒼，染於黃則黃。不在這個時期引誘扶直，讓他自由發展，等到主幹已長歪，橫枝已長成，再來修剪扶正，行嗎？美國百分之六十一的教師主張體罰，不是沒有道理的。

根據筆者的觀察和經驗，一般人的讀書方法不外「老牛吃青草法」、「蜜蜂釀蜜法」和「蝴蝶飛舞法」三種。

一、老牛吃草法——老牛遇見遍地嫩綠的青草，立刻把握機會，生呑活剝，低頭猛吃。等到把肚子塡滿了，然後臥到樹蔭下，逍遙自在地吐到口中，再細細咀嚼，慢慢品嘗。中國古代讀書便是採用這種方法。趁著年紀小記憶好的時候，拼命死背。當時讀書人必須牢記的經典：毛詩、尙書、周禮、禮記、周易、論語、孟子、孝經、左氏春秋、大小九經，合計只有四十八萬四千四百九十五個字，倘若再加上儀禮、春秋公羊傳、春秋穀梁傳，十四萬二千二百十一個字，合計六十二萬六千七百零六個字。平均每天背三百個字，不到六年功夫，就背得滾瓜爛熟了。先記住口歌，等到年紀大了，才像老牛反芻一樣，慢慢背出來，仔細琢磨。每琢磨一次，便有一些心得，多加一層理解，理解力强的時候來理解，記憶力强的時候來記憶。這種方法常爲現代教育家所深惡痛絕，我眞看不出那裏有什麽不對。

二、蜜蜂釀蜜法——蜜蜂採百花之精，釀成蜂蜜。取材千挑萬選，選得非常精，絕不浪費力氣，作徒勞無益的擧動。釀造出來的成品，也非常精美。現代教育學家理想中的讀書方法，似乎應該屬於這一類。教材經過嚴格的甄選、精密的計劃，學習的方法和程序也經審愼的安排，以求事半功倍。這種理論好是好，無如誰來挑選、誰來計劃、誰來安排。適合甲生的，是否就能適合乙生，在在都是問題。理論上無懈可擊，實行上却不無困難。

三、蝴蝶飛舞法——蝴蝶在百花中翩翩飛舞，一會兒飛到東，一會兒飛到西，好像工作很辛勤的樣子，到頭來却一事無成。現代一般學生大概都是這個樣子。一會兒穿著短褲頭，背著小背包，跳跳蹦蹦，進出小學的校門，一會兒留著和尙頭，背著大書包，進出中學的大門；一會兒穿著大學服，夾著成本洋裝書，在大學校園漫步。這本書看看，那本書瞧瞧，天文、地理、三教、九流，似乎樣樣都懂，認眞考究起來，却什麼都不是。沒有目標，沒有方法，凡事都淺嘗輒止。該記的沒記住，該懂的沒弄懂。猶如翩翩蝴蝶飛舞於各校之間，白白虛度了大好青春。

在上列三種方法之中，照我這個老頑固看來，還是「老牛吃青草法」比較經濟有效。中國古代的教書匠爲了便於學生易讀易記，的確編了不少好的教本，像「三字經」「千字文」「幼學故事瓊林」「昔時賢文」「七言雜志」……等等，把學生必須牢記的東西，編成合轍押韻的歌訣，讀起來琅琅上口，記起來輕鬆容易。各行各業，教導學徒，都有他們自己的歌訣。像中醫的「湯頭歌」；算命先生的「八卦取象歌」，都易學易記。今天的教育家天天喊著爲學生謀福利，可就沒有看見誰給學生編過這樣實用的課本。

上面是對初學乍練的人說的。至於學問有相當程度的高級讀書人，更是妙了。現代讀書人很少有人把一部書從頭到尾看完的。他們讀書先抱了一個成見，名之曰「找資料」。心中先有了一個題目，甚至還有了答案，讀書只是爲自己的答案找註脚。多抄幾本書；不過表示自己的淵博而已。嗚呼！余欲無言。

六十七年教師節于松山

我學習「應用文」的歷程

人是哺乳動物，哺乳動物原屬四足類。照進化論者的說法：人類的始祖，也是用四條腿走路，屁股上拖着一條大尾巴。人爲啥又變成現在這個樣子呢？原來人類的祖先還是一種「羣居」而「爬樹」的動物。因爲天天爬樹，順着「用進廢退」的鐵律，前面兩個爪子，逐漸演化成爲萬能的雙手，一有雙手，人類可就神氣了，它可以使用工具，更可以製造工具。製造和使用工具，就成了人在動物羣中橫行霸道的本錢；因爲羣居，同類之間便有了彼此表情達意的需要，需要是發明的原動力，因之發明語言作爲交換意思的方法。拉察路士迦拿說：「言語造出理性，在有言語之先，人類是不合理的。」語言不但可以發表思想，而且還可以使思想得以累積。當然囉！那時候還沒有播音機，更沒有錄音機，語言還要受時空的限制。上午講話，下午聽不到；這裏講話，那裏聽不到。爲了彌補這項缺點，人類又發明了文字。有了文字，人類的思想、發現、知識、經驗，在空間上可以傳到無限遠，在時間上可以傳至無窮久。凡是生物都是要死的，其他動物，因爲沒有完備的語言文字，一旦死了，自己一生所學會的知識經驗，也跟着一齊消逝；人類則不然，自己雖然死了，所有的知識和經驗可以藉語言文字傳給下一代，下一代只要接續着上代已有的成就，繼續前進，不必再從頭做起。其他動物則必須代代從頭重新再來。人類的進化好像接力賽跑，其他動物的進化則是代代都從原出發點跑起。時間越後，人類便超出其他動物越遠。書籍就是人類知識經驗的紀錄，也是使人類從動物羣中脫穎而出的利器。文字本來就是一種應用工具，凡是用文字寫的東西，不管是哲學、科學、史學、文學、政治、經濟，都是應用文。只是文字的妙用太大了，人類把文字也神聖化了。把文章當作「經國之大業，不朽之盛事」。上面那些聖賢經傳、學術論著，詩賦藝文，都不當作應用文，只把公文、書牘、聯話、題辭、契約、規章、行狀銘序、會議紀錄……叫做應用文。筆者只是一個普普通通的凡人，沒有吃過狼心豹膽，不敢標奇立異，只有「吾從衆」了。

筆者生不逢辰，沒有早生幾十年，可以習八股、寫大卷，入學、中舉、考進士、點翰林；又沒有晚生幾十年，可以坦然接受九年國民義務教育。筆者生在一個不前不後、不上不下、不新不舊的夾縫時代。上一代的老前輩罵我不懂得破題、承題、起講、提比、虛比、中比、後比、大結；後起之秀又罵我沒受過五育、六育、不會彈吉他、不會扭屁股。當年僥倖能進學校，也不過只爲了能多識幾個字，不作「睜眼瞎子」罷了。啓蒙課本雖然也有：「人、手、足、刀、尺、馬、牛、羊、山、水、田。」不過那只是給「視學」大人看的，正經讀得還是「三千百」。「三」者，三字經也。三字經有人說是宋朝王應麟作的，也有人說是宋末區適子作的，還有人說是明朝黎貞作的。不管是誰作的，這本書都不能算是鉅著，只不過是一本簡易國學常識大綱。前半部講些三綱、五常、四書、六經之類；後半部講朝代順序，每句三字，句句合轍順口；「千」者，千字也。梁周興嗣所撰，全書爲四言古詩二百五十句，共一千字。起「天地玄黃」，終「千字文終」，完全是爲了識字習字用的；「百」者，百家姓也。不知誰何氏所撰，只是羅列了一些常見的姓氏而已。此外還有「七言雜志」「莊農雜志」，都是些常見的事物名稱，可以說是眞正的應用文。稍後再讀幼學瓊林，這本書是程允升原著，鄒聖脈增補，用有韻的儷語，編綴辭章上常用的故實。書前面還附有「三父八母圖」、箋帖格式、書信款式等，仍然是一種應用文課本。不過當時只是照本宣料、不知道它的用處罷了。

我學得第一種眞正使用的應用文應該算是「春聯」了，每逢農曆新年，家家戶戶，門口總要貼上春聯。窮鄉僻壤，識字的人不多，別出心裁，自作自寫的，幾乎絕無僅有。清一色都不過些「天增歲月人增壽，春滿乾坤福滿門」、「爆竹一聲除舊歲，桃符萬戶更新春」、「一夜連雙歲，三更分兩年」，再不就是「擡頭見喜」、「槽頭興旺」、「六畜平安」。那時候似乎還很少有人寫「恭喜發財」的。寫春聯要字寫得好，我這筆見不得人的字，根本排不上用場，只有當叔叔伯伯替人家寫春聯時，我在一旁替他們找適當的辭句，偶而也胡謅一兩句，來唬唬鄉下人。同時自己在各處看到有好的春聯也把它抄錄下來，久而久之，便成了我自編的一本「春聯大全」了。

不論什麼人學應用文，大概都從寫信學起。可惜我處的那個時代，還是安土重遷的農業時代，家人父子，親戚朋友，都永遠定居在方圓十幾里以內，鷄犬相聞，老死不相往來，用不着寫信，寫了也沒處去寄。我學得第二種應用文也算是書信，不是寫給活人的，而是寫給死人的，就是一般人所說的祭文。在我家鄉有一個古老的傳統，辦喪事時，一定要請「禮賓」來「贊禮」。所謂「禮賓」，就是論語上公西華說的「小相」，也就是今天的「司儀」。只是「司儀」是一個人，「禮賓」却最少要有四個人，他們穿着禮服，引導孝子「進」、「退」、「俯」、「興」、「舉哀」、「哀止」，一邊有板有眼地喝叫，一邊指引與祭的人行禮。「禮賓」是要有秀才以上的功名的人才可以作。由喪家備了馬轎，用吹鼓手鼓樂前導，迎來送去。那是一種很榮譽的職務，喪家更是要用隆重的大禮來接待，小學生常被選去侍候這些老爺，裝煙端茶，磨墨拉紙。禮賓還要替喪家作祭文，作好了，往往交給這些侍候的小學生來謄寫。他們都備有脚本，所謂「作」，只不過換幾個字。小學生謄寫的時候，有的人也順便爲自己抄脚本。我就是這樣抄錄了一大本各式各樣的祭文，而且還都背得滾瓜爛熟。讀祭文本來是「禮賓」的事，有時候也派學生去代讀。我小時候就常被抓去當這種差使。不要以爲鄉下人都老實，有時候他們也會使心眼惡作劇。記得「百頃張家」的老太爺過世了，他那尚未迎娶的準孫女婿來祭，祭文本已寫好供在靈前，派我去讀，當「禮賓」叫過「讀祭文」後，我拿起祭文一看，竟是一張白紙，好多人都圍在四週睜大眼睛等着看笑話。我靈機一動，裝模作樣，拿着一張白紙，隨口胡謅，不知道那裏來得靈感，竟然越念越起勁，聽得人都鴉雀無聲，直讀到「嗚呼哀哉！伏維尙饗！」要不是喪事，他們可能都會鼓起掌來。因爲這件荒唐事，我的確還出了一陣大風頭。鄉下還有一種應用文，那就是買賣房地產契約，這種契約，買方固然是置產，賣方却斷送了祖先們所掙下的產業，是一種不道德的行爲，一般有功名的人是不屑寫的。這種契約也有一定的格式。劈頭總是「立絕賣契約人某某，玆因正用……」最後總是「恐口無憑，立此絕賣契約爲據」。文辭簡明扼要，一字不能增，一字不能減。倘若不明格式，再有學問，寫出來也會鬧笑話，「博士買驢書契，過紙三張無驢字。」便是笑不懂格式的人。還有一種應用文，正派的讀書人絕對不能寫，寫了不但減祿損壽，還要下十八層地獄，那便是寡婦再嫁的婚書。寫這種婚書的墨要用茶來磨，還要放在磨盤上寫。以上兩種契約，直到今天，我還沒有替人寫過。

離家出外上學後，開始學寫平安家書。「兒是娘心頭一塊肉，兒行千里娘擔憂。」一個出門在外的兒女，以他寫回家書的多少，就可看出他的孝順與否。那時候實在太窮了，寄一封信所花的郵票錢，可以買兩個饅頭塡飽一頓肚子，我每次家信都拼命往長裏寫，免得太吃虧。除了經常寫家書外，我又接觸到另一種新事物，便是公文。那時候高等小學沒有職員，文書都是老師兼辦。上行的呈文，還是用「摺子」。所謂「摺子」，就是一張白紙，長約二十公分，寬約四十公分，面對面從中間對折，然後每邊再背對背對折，前頭面對外的一摺是封面，中間只寫一個「呈」字。後頭面對外的一摺是封底；正中間一行寫「大中華民國×年×月×日呈」。大印就蓋在年月日的上面，蓋印也有一定的規矩。講究得是「上露國號，下露日呈」、「齊年、壓月、露日」，第一種是把印蓋在國字下面、日字上面，年月日必須寫得密一點，正好都被印罩住，以免別人塗改；第二種是把印蓋在和「年」字齊頭，下面正好和「日」相接。裏面兩摺是寫正文的地方。一篇白紙，不打格子，必須寫得「順看是行，橫看是行，斜看也是行。」公文上寫錯了字不能塗改，但可以挖補。挖補的方法，是把寫錯的字用小刀挖去，四邊刮薄，再找一小塊同顏色同質料的紙張，也把四邊刮薄，對好紙紋，由後面貼上去，補得好的根本就看不出破綻。我就是常被老師叫去作挖補工作，才學會了公文。其實那時候的公文並不很難。開頭總是「呈爲呈請（或呈覆）事，案奉……」結尾總是「理合呈請鑒核」。因爲我學會了這一套「等因奉此」，老師們便懶得再動手，我便成了學校中的義務文書了。那時候剛剛流行在學校操場上豎立一根旗桿，早晚升降國旗。平涼東關小學也豎了一根旗杆懸掛國旗，有一日當地駐軍借用操場操練，當休息的時候，有幾個兵爺爬上升旗臺，把升旗的繩子拉上拉下來玩，學校老師前去制止，學生和軍隊就這樣衝突起來，有幾個老師和學生都被刺傷，全縣各學校都選派代表，開會聲援，我也代表母校參加。會中討論到通電全國的電文，大家各持己見，爭論不決，我便貿貿然站起來提出了八個字的案由：「汚辱國旗，屠殺學生。」當獲大會一致通過。會後我正在洋洋得意時，被一個老先生叫過去臭罵一頓，說什麼「小孩人家，不該要刀筆！」經過這次教訓，我再也沒有興趣搞公文了。

當我正讀高中的時候，家中突遭變故，經濟來源完全斷絕，不得已輟學去投考電信管理局的技術員，竟僥倖被錄取了，像我這樣連直流電交流電都分不清楚的人，怎麼能夠下機房？天可憐！我的困境竟邀得管理局長大人的同情，他特地把我調到局長室去，在他辦公室門口的大廳中給我擺了一張桌子，各科室送公文來，由我轉呈上去，他批好公文，由我轉送出去，客人來拜會，由我傳達，十足一個小工役。偌大一間房子，只有我一個人孤零零地坐在那裏，又不好意思看書看報，只有拿起案頭堆積如山的卷宗猛翻。起初我不懂爲什麼卷宗皮會有各種不同的顏色，後來才慢慢打聽出，白色的夾普通文件；紅色的夾急件；黃色的夾密件；藍色的夾極機密文件。瞭解了卷宗封皮顏色的奧秘後，又翻看文件的內容，久而久之，也看出一點門道。有一次有一件很重要的公文，中間有一個很大的紕謬，左想右想，總覺着不對勁，拿進去給局長判行的時候，他因事忙，竟看也沒有看，就隨手畫了一個「行」字交下來。我越想越不對，就壯着膽子拿進去請示。起初他還怪我多事，等到我把事情解說清楚之後，這下他的火氣可眞大了，把辦稿的老科員和上面簽名審核的各級主管，一齊叫來，統統臭罵一頓：「這麼大的紕謬，連小孩都看的出來，你們竟然都不知道，你們都是吃飯的！」從此以後，所有公文，他讓我先看過之後，然後再送他畫行。那個管理局總管五省半個中國的電信業務，每天收文，少說也有幾百件，都是由總收發收文後，直接分送各主辦課室，由承辦人員一層一層地簽辦。幾乎所有文件，最高首長反而是最後一個看到的人。雖有要件提呈的辦法，收發老爺爲了怕麻煩，從來不肯照作。我又出點子，叫收發處把每天的收文簿抄一個副本，副本分爲兩册，一册抄單日的，一册抄雙日的。每天下班時把收文簿副本呈局長室，由我先行核閱，在重要的來文登記上，作個記號，再呈請局長過目。如此一來，全局每天來文，局長便一目瞭了。實行之後，頗蒙局長嘉許。後來索性連圖章也交給我，普通公文由我代爲畫行，我竟作起黑市主任秘書來了。由於責任的加重，自己這點淺薄的道行，根本無法降服那些妖魔鬼怪，不得不加緊修煉。局裏有一位老文案（秘書），從光緒年間起就在這裏工作，大家都叫他「侯師爺」。上了年紀的人，又喜歡使酒駡座，人緣並不很好，但對公文却眞有一手。我便設法和他套近乎。每天下班後，山崖水涯、花間月下，一老一少，席坐引白。他本健飲，我也能湊上兩杯。三杯落肚，他的話匣子便打開了。他的腹笥眞廣，天文地理、醫卜星相、三敎九流、山川人物、歷史掌故、官場現形，無所不談。談着談着，自然而然就轉入他的老本行—公文。升大帥時某件公事如何如何辦，張督軍時某件公事又如何如何辦。我一邊默記，一邊擊節稱贊，把他給樂得手舞足蹈。兩人越交越深，後來竟然把視若拱璧的「枕中密」（作師爺的人所搜集的各種應用文範本）親手抄了一份送我。這個手抄本我一直帶在身邊，後來在北平時，被一個朋友强行借去，悍不歸還。局裏同事，上上下下，有什麼疑難公文，應酬文字，常來求我捉刀。我也是初生之犢不畏虎，一律慨然應允。第一，我沒有架子，不管什麼人，都是有求必應；第二，我寫的東西，不怕別人修改，求者不滿意時，可以叫我重寫，也可以找別人修改，我都不在乎。求我的人越來越多，我又成了全局員工的私人秘書。那一陣子，我可眞够忙得了。局裏管檔案的老王，已是祖孫三代世襲此職，儘管各級主管像走馬燈一樣，不住更換，他們的職位却安若磐石。因爲他們的工作，是沒有別人能够代替的。來文、發文的底稿，以及有關文件的案卷，叫做檔案。每一件事叫做一案。承辦的人，按照處理經過的先後程序，把它依序裝訂在一齊，譬如交通部下令要查某一電信局的線路架設情況。管理局接令後，便命令該局呈復，這個令文的底稿便黏在交通部來文的後面。該局呈復的來文到了，又黏在先前文稿的後面。管理局根據該局呈文再呈報交通部，這個呈文稿又黏在該局呈復文的後面。呈閱時要連舊案一併呈上，好讓主官瞭解整個事件的來龍去脈。一件案子正在進行期中，這些案卷就由承辦人保管，一直等到告一段落後，才送到檔案室去「歸檔」。檔案室也有一個收文簿登記收來的卷宗。只是收來之後，如何擺放，却沒有現在這一套科學分類方法。那一宗案卷放在那裏，只有管檔案的人腦子裏知道，別人是無從尋找的。一個上百年的大機關，檔案成千累萬，堆積如山，要是突然換一個人接管，僅點交接收，就非兩三年莫辦。無奈只好讓老人繼續掌管下去。這些老人，往往把自己的子孫帶在身邊，從小訓練。別看那些堆積如山的案卷，外行人找起來如大海撈針，可是那些管卷的人却手到擒來，易如翻掌。我常借「調卷」爲名，去檔案中和老王聊天。彼此混熟了，也就看出其中一點端倪。他們那亂七八糟的卷宗，表面看來，好像隨意亂丢，實際上他們有一套嚴密的規律，他們也有自己奇特編號分類方法，只是不傳給外人罷了。爲了不打破人家的飯碗，所以沒有去深入研究。在電信管理局作了幾年，我又背起書包去上學，暫別了這一段文案工作。

在我讀書的那些歲月，幾乎每月都在開會，尤其是五月份，更是天天開會，「五一」「五三」「五四」「五五」「五七」「五九」「五卅」，一連串的「國耻」和各種紀念，每次開會，都要發表「宣言」、「通電」全國。宣言稿、通電稿，可都是大塊文章，要想寫得好頗不容易。學界的人才多，口也雜，每次大會前夕，幾個起草委員，往往爭論終宵，還不能定稿。我又剪輯報章雜誌上各地的宣言、通電，預爲儲備。每當大會前一兩個禮拜，就預先參考別人的樣子，擬定腹稿，到開會時，當場提出來，別人也許還以爲才思敏捷，其實我已絞了十幾天的腦汁了。學校畢業後，我就開始教書，似乎和應用眞行告別了，誰想到近十幾年來，我竟然靠敎應用文過活。

上面是個人學習應用文的一段歷程，今天老老實實寫出來，不怕各位讀者笑話，只不過爲商文會刋作個補白而已。

童蒙養正三十年

鄉巴佬第一次乘火車，在洶湧的人潮中，胡裏胡塗擠上了一列開往窮鄉僻壤的慢車，在厠所門口受了一路的腌臢氣，到達終點，才發覺自己搭錯了班車。我這三十年的教書生涯，就是這個搭錯車的鄉巴佬。你替我惋惜嗎？我可從來沒有自怨自艾過。冷暖氣裝備的莒光號也好，煤氣薰死人的慢車也好，上面不是都擠滿了乘客嗎？一個社會需要有製造原子彈的超級博士，一樣也需要賣豆腐的小販。到達燈紅酒綠的都市也好，到達竹籬茅舍的窮鄉也好，凡是火車到達的地區，一定有人會去，鍾鼎山林，人各有志。而且一路上我還增長了不少見聞。如今退休下來，雖然沒有豆架瓜棚，躺在亭子間裏回味往事，倒也趣味無窮。

好多人在幼小的時候，就胸懷大志。他們發覺國家社會什麼地方出了毛病，什麼事情需要糾正，從小便立定志願，要以天下國家爲己任。後來功成名就了，自然是由於本身的努力奮鬬，萬一不幸失敗了，那也是時不我予。說來慚愧，我從小到老，一直都是混混噩噩，從沒有作過「隻手廻天」「獨挽狂瀾」的妄想。只是隨着時勢推移，不斷地和惡運爭鬬。對此生只抱着：「存吾順事，沒吾寧焉」的態度。我出生在偏僻省區的貧困鄉村，故鄉父老，世世代代都困守着幾畝乾旱磽瘠的薄田，終年辛勤工作，遇到上好年成，勉強圖得「三個飽，一個倒」，大部分歲月，都在飢寒線上掙扎。一個人竭盡全力去圖謀一己的衣食，尙不免凍餒，那裏還有工夫去想別的事情，能爲兒女謀嫁娶，爲父母飾終送葬，便算盡了人生的大事。對這種悲慘的生活，他們不是不想改善，而是沒有時機來改善。試想一個人推着一個大石滾子爬上陡坡，他還有換手喘息的機會嗎？這裏本是禹貢雍州上上之地，漢唐時代還是桑麻遍野的穀倉，爲什麼會一貧至此呢？揆其原因，無非是由於土地利用過度，濫伐濫墾，才變成童山濯濯，黃沙滾滾。小時候趕羊上山，常坐在山頭上望着天際的浮雲幻想，假若有一天我當權行令，一定要製訂一種法律，凡生一個孩子就種一顆樹，這顆樹就是這個孩子的生命樹，樹在人在，樹亡人亡。凡無故砍伐林樹者，處死刑、無期徒刑，或十年以上有期徒刑。把黃河的水，引過六盤山，引上黃土高原，每一個山谷都築一個水庫，那時候，滿山林木，處處波光雲影，這才是我的志願和夢想。

我最初的志願是造林和興修水利，教書則非始料所及。只是偶然闖進了「子曰行」，一進門便被綁住了，再也脫不了身，也不想脫身。別人教書是爲了獻身教育，心中抱着一種爲「作育英才」而甘心自我犧牲的偉大感。他們若不是爲了崇高理想，改行去作別的事情，一定更有成就。我自己教了三十年書，年年想把書教好，可是年年都不如意。研究再研究，改進再改進，最後實在無法達到理想，只有退休讓賢。不是我「獻身教育」，而是教育界給我三十年學習的機會，拿千萬人作了我的試驗品。時下一般文書都把教員叫做「師資」，什麼是「師」？什麼是「資」？老子說：「善人者，不善人之師；不善人者，善人之資。」幸而有這個說法，三十年來我才敢腼顏登上講臺，勉強舍「師」作「資」，詩小雅說：「他山之石，可以攻玉。」但願能作他山之石，也就不愧喝這碗稀飯了。

記得第一次教書的時候，事先花了兩個禮拜，把課文背得滾瓜爛熟，每一個字都查字典標上注音，一篇不到五百字的文章，寫了五千多字的注解，參考了十七部書，滿以爲萬無一失，孰料第一句中的一個「而」字就交代不清。平常很容易的字，心知其然，要說出個所以然來，却頗不簡單。教書不但要刨根問底，還要追源尋流。禮記學記說：「學學半」，教人爲學，可益己學之半。大概就是這個道理。三十年來，我從沒有自己有計劃地去做學問，都是在教書過程中，由甲涉及乙，由乙涉及丙，由丙涉及丁。以至於戊己庚辛。越牽越遠，問題越研究越複雜。舍下幾千册圖書便是這樣添置來的，往往爲了追究一個問題，越追越遠，追到後來，起初要找什麼反而忘了。當然這些材料，十之八九上課時都用不到，不過你對一件事不全部瞭然於懷，怎麼敢亂吹法螺呢？別人只看見我上課時，兩支粉筆一張口，誰知道我多少個夜晚都在東查西找哩！三十年的教學生涯，逼得我讀了幾本書，也逼得我買了幾本書。如今退休下來，雖沒有三徑松菊，坐擁書城，也算得一樂也。

教書的主要工作，也要教學生如何做人，一個人總不能老是教別人的是一套，自己做的又是另一套。要想別人照着你的話去作，必須先由你自己照着你的話去作。任何一位教師都會要求學生行端品正，一遍一遍說多了，自己不信也得信。縱令這些行爲不是出自本心，只是做假給學生看。但是久假而不返，惡知其非有也。做老師的兩隻眼睛盯着幾千個學生，做學生的却幾千萬隻眼睛盯着老師。做老師的行動，眞是十目所視，十手所指，任何地方都馬虎不得。有一次我旅行到花蓮，因爲一點小事故和人家爭吵起來，忽然有一位小姐走過來說：「什麼事情惹得老師這麼有修養的人生氣？」，這時候我眞羞愧，恨不得找個地縫鑽進去。教書的人，天天較是非，論曲直，久而久之，便養成了一種習性，凡事都要講是非曲直。這樣固然和社會上許多行業格格不入，但是可以自信絕不會陷於罪戾。教書三十年，足足被學生管了三十年。所謂「童蒙養正」，也就是這個意思。

憶山居

春天，按理說該是最好睡覺的季節。縱不能夜夜「春眠不覺曉」，起碼也會「小樓一夜聽春雨」。既或「春色惱人眠不得」，那「月移花影上欄杆」也儘夠你欣賞了。可是如今却大不相同，沒有雨聲鳥啼，也沒有月光花影。充耳都是樓下的馬達聲，左鄰右舍的麻將聲，和各種電器視聽用品的噪音。所看到的只有刺眼的燈光和巨人也似的屋影。誰會想到在這最宜睡覺的季節我却夜夜失眠。

年青的時候，白天滿腦子都是幻想，夜晚當然免不了要作美夢。如今老了！希望破滅了，連夢也做不成了。孔子說：「甚矣！吾衰也！久矣！吾不復夢見周公！」一個人一輩子到處碰壁，滿懷熱情和理想都變成了冷灰和泡影，這時候還能作什麼夢？除了自嘆衰老之外，只有回憶那並不輝煌的往事了。

記得三十年前的一個晚上，我從西門町經過衡陽路，走回三葉莊，在日記上曾經寫下這麼幾句話：「臺北眞是靜極了，現在只不過晚上十點鐘，站在西門町中心，拿起一塊石頭，不論從什麼方向扔出去，保證都不會砸到人。旅館對面的新公園簡直就是一座深山叢林。」如今呢？滿街都是密密麻麻的人頭，到處都是形形色色的車輛，高樓大厦，上接霄漢，如雷噪音，響徹雲霄。臺北變了，變得那麼匆忙而擁擠，大概這就是繁榮吧！再也沒有人端詳天際的浮雲，再也沒有人撫摩地上的青草。人們都一味忙着賺錢，一味忙着揮霍。這眞是一個難以理解的社會，一方面拼命生產，一方面又挖空心思消費，還說是實踐凱因斯的理論，我眞不懂這種理論的終極目的是什麼？

現在一般作父母的常把自己的童年和兒女的童年相提並論。「你們這些孩子眞是幸福呀！從前我做小孩子的時候，自己用舊毛線纏一個線球，就可以寶貝似的玩上一個多天。你們現在有了電動汽車、電動飛機，還說玩膩了。從前我們偶而在村子裏看一次野臺戲，足足可以談論半年，你們却天天看電影電視。」我眞懷疑電動玩具和電視眞的能給孩子們帶來幸福。很少人會想到現在小孩子們的精神負擔是多麼沉重。更沒有人理會單純的喜悅和滿足的價值。孩子的感覺只有孩子自己知道，別人是無法理解的。老年人希望返老還童，孩子們却恨不得一夜之間長成大人。大人以爲小孩子的生活最快樂，小孩却更羨慕大人的生活哩！現在姑且不談孩子們的感覺，還是先談談自己這三十多年的轉變吧！

在臺灣三十年中，我的生活前後經歷了兩個截然不同的階段。最初十年我在中部山區一個中學裏教書。當時五個光桿同住在山中林下一座木屋中，五個人的口袋裏經常湊不出一百塊錢，頓頓飯幾乎都是吃白水煮空心菜，偶而添置一件襯衣，那可眞是一件艱鉅的大事，有一次爲了招待客人吃一頓餃子，竟逼得非把僅有的一只戒指拿去變賣不可。但是那時候有的是時間，每星期上完十幾節課後，便甚麼事都沒有了。用不着排隊擠車，用不着聽鬧鐘聲起床。不看電影，沒有電視，整日席地幕天，優遊歲月，眞可說是，「起居無時，唯適之安。」在夕陽含山的黃昏，踽踽獨步荒煙蔓草中，擧頭邀明月，迎風聽暮蟬。炎夏永晝，卸去屋前屋後的門窗，整個屋子就像樹林中一座沒有四壁的帳蓬，清風拂過竹榻，所謂無懷氏之民，也不過如此。秋日午夜，獨臥荒齋，聽蟲聲喧鬧，看螢火明滅，眞有遺世獨立之概。偶而從溪畔採回幾枝不知名的野花，供奉案頭。展卷朗誦，抽筆漫書，「道通有無天地外，思入風雲幻變中」。你能說這不是樂趣嗎？

公路上逐漸頻繁的車聲擾亂了山居的寧靜，幾個隱士逐漸「不安於室」了。老王搬到臺北去了，老李搬到臺南去了，接着老劉老趙一個個離開山居，湧進城市，另求發展去了。一幌又是三十年，三十年的歲月明顯地刻劃在每一個人額頭上，整齊的服裝說明了每一個人的經濟環境。大家都升任了丈夫、父親，家裏都擺上了電視機、電冰箱，銀行裏還開了戶頭，甚至還有人置了房地田產，就連我這最不行的，也不至於爲了吃一頓餃子再去典當東西。可是大家所付出的代價却也够大了。過去山居時，一天二十四小時，除了花數小時賺取維持生活的最低花費外，剩下的時間全是自己的，不管讀書、深思、遨遊，都任憑自己的自由意志去支配。現在一天還是二十四小時，大家却恨不得把這二十四小時都拿來爲賺錢而工作。賺錢，心裏所想的就只一件事——賺錢。好像人生只是以賺錢爲目的。而賺錢的目的只是爲了花錢。爲了使生活過得濶綽一點，不惜犧牲一切休假、讀書、思索。拼着日夜不跟孩子見面，只是爲了多賺錢爲孩子買高貴玩具。好像孩子和父母厮守還不如玩玩具有意義。山居時，身無半文錢而心憂天下；如今擁有一切生活享受，却無暇思索身外事物。過去雖然生活在貧苦之中，還知道如何充實自己的知識和精神；如今吃的穿的都不缺了，反而一天到晚只爲營求衣食享受而忙碌。過去是一個貧苦的人，如今則是一架賺錢花錢的機器。誰還有時間管日出日落，誰還有心情去聽蟲聲鳥語，恐怕現在到底還有沒有月亮都沒有人想到。這種生活就是幸福嗎？人們並不一定是爲了追求幸福而忙碌，只不過是看見別人這樣作，自己就不能例外。倘若把大家再趕回三十年前的山居生活，誰也不願意再甘心接受。這種情形，到底是進步？還是退步？我眞糊塗了。

遲暮

天像一塊碩大無朋的鉛塊，沉重地壓在頭上，斜風夾帶着雨脚，毫不留情地向人頭上、臉上、身上……掃射，他拼命蹬了三四下，脚踏車的脚踏才有氣無力地轉上半圈。這輛脚踏車眞不中用，才只幾年？全身各處就嘰嘰喳喳吵着要求退休。「幾年？」二十年了！二十年來他每天騎着這輛脚踏車在同一條路上最少往返四次。一年三百六十五天，二十年七千三百天，再乘以四，少說也有兩萬九千二百次了。二十年前剛買來的時候，渾身漆黑雪亮，每一處都可當作鏡子使用，騎在上面，只要輕輕一蹬，一下就竄出老遠老遠，過往的人，誰不投以羨慕的眼光。如今，如今它走起路來，除了鈴鐺外，全身無一處不響，放在馬路邊，連撿破爛的都不肯多看一眼。

天越壓越低，越來越重，壓的人幾乎喘不過氣來，雨越下越大，兩條腿越來越不聽使喚。各種機動車輛，一輛接一輛，風馳電掣也似的在馬路上橫衝直撞。又是一輛摩托車擦身而過，險些兒把他撞個粉身碎骨。奇怪！從那裏忽然一下冒出這麼多的年輕人，看他們那種不要命的狂奔亂跑，好像急着去趕赴閻王爺的約會。

昨天，不對！那裏是昨天，那已是四十年前了，當時自己還是個小孩子，每天站在家門口，呆望着那些大哥哥大姐姐，雙雙對對騎着脚踏車，飛出西直門外，往頤和園，往西山，去尋找青春的歡樂。當時自己巴不得一下就長大，也跟他們一樣騎着脚踏車去三貝子花園看老虎，去頤和園騎南湖銅牛，去西山採紅葉，到水木清華處或者未名湖畔去徜徉。好容易熬到可以騎脚踏車了。可是自己並沒有騎上大把車出西直門，却半夜裏背着包袱溜出阜成門，擠上了西行的火車，到大後方去逃難。流亡的旅程雖然艱辛，但也充滿了刺激和快樂。每天觸目不同的風光，時時刻刻變換不居的環境，把這一段生活塗抹的五光十色。內蒙草原上的黑夜偷渡，蘭州黃河上的皮筏，還有細雨步行過劍門，那一處不是美麗的圖畫，那一段不是偉大的詩章。陪都學生的物質生活誠然清苦，但精神却無比的亢奮，課餘之暇，三五知友，坐在茶館中，望着滔滔的嘉陵江，編織着未來的美夢。

天外飛來了勝利喜訊，日本人終於無條件投降了。一個人一生中誰還能有過比這更大的興奮和喜悅。「白日放歌須縱酒，青春作伴好還鄉。」一別八年的故都雖然蒼老了一點，但是更慈祥，更親切。國土重光，該是縱情遊樂的時候了，誰知道「通貨膨脹」那魔鬼支使得人成天團團轉。戰火又逼着不願作奴隸的人們作第二度的逃亡。大家肩頭雖然壓上了國破家亡的重擔，胸中却也充滿了打回老家的雄心壯志。

臺灣眞是舊小說中所形容的蓬萊仙境，「有四季不謝之花，有終年長青之草，多不冷，夏不熱。」初履寶島，大家都是二十出頭三十不到的小伙子。年輕人不知道甚麼叫憂慮，也不瞭解困難是甚麼意義，天塌了再重新扶起來就是了，那裏用得着大驚小怪。大家一腦子都是希望！希望！再希望！生活安定下來之後，漸漸紅帖子飛出來了，這個禮拜天張三結婚，下個禮拜六李四請吃喜酒，大家一個個步入結婚禮堂，接着又比賽生兒育女。不知道從甚麼時候起，大家都放棄了以天下爲己任的雄心壯志，也喪失了四海之內皆兄弟的豪情，每人頭上都套上了一付枷(家)，陪老婆，抱孩子，忙油鹽柴米，天下事管他娘。不但朋友之間不再來往了，連工作環境都懶得變動。三十年來，他一直作着一樣的工作，走着同一條路，唯一的變化是頭上長出了白髮，眼睛上戴上了老花眼鏡。

「紅色炸彈」不再襲擊他的荷包了，突然一封白底藍字的帖子送到他的眼前。小王因肝病去世，留下一個毫無謀生技能的妻子和五個嗷嗷待哺的稚兒。當年經常在結婚喜宴上鬧酒的朋友第一次在殯儀館碰頭。小王的死大家還都把他當作意外的夭折，誰也不肯承認自己也到了走完人生旅程的年齡。接着老趙死了，老歐死了，小張也跟去湊熱鬧。「耳畔頻聞故人死，眼前但見少年多。」才只幾天?!人生就這樣完了！小劉曾經感慨地說：「你們誰要寫年譜，近三十年的事我一手包辦了，我只要到戶籍課查一下你們某年某月結婚，某年某月生第幾個孩子，此外便甚麼也沒有可寫得了。」眞的！誰會想到自己竟這樣平淡地過了三十年。不是嗎？他就是三十年來一直住在同一間房子，每天都作着同樣的工作。閒處光陰易過，這三十年和那抗戰的八年比起來，多麼短啊，短的好像只有一天。

脚踏車越來越賴着不肯走，他也喘得上氣不接下氣。眞不中用，才只幾歲？就這樣老態龍鍾。

老王的一生

老王死了！老王眞的死了嗎?!他這希望和失望、奮鬪和挫折，交織成的一生，難道眞的就這樣輕易地結束了嗎？

老王民國十三年生於逃難的山洞中，民國六十年倒斃在道旁，生非其時，死非其地。老王眞是路上石隙中的一株小草，沒有肥沃的基土，沒有雨露的滋潤，沒有園丁的呵護，在無情的踐踏之下，他頑强地掙扎了一生，最後終不免死亡的命運。他一生不斷地希望、掙扎、奮鬪，所換來的永遠只有挫敗、折磨、痛苦，和失望，最後還帶着滿身創傷、滿懷牽掛，無可奈何地死去。死而有知，老王一定不會甘心的。「天地不仁，以萬物爲芻狗」。老天爺也眞太會作弄人了。

老王出生在大西北的窮鄉僻壤，別的孩子還在排排坐吃果果的時候，他已展開了生活的奮鬪，嚴冬對黃土高原的懲罰眞是太殘酷了。原野中空蕩蕩地，看不見一株草，找不到一個蟲，幾棵乾瘦的枯樹禿枝，刺向寂寞的長空，數點寒鴉算是生命的唯一象徵，駝鈴和牛車像是從另外一個星球來的。兎子都凍得不敢走出窩門半步，唯有幼弱的他，背着比自己身子還大的籮筐，在那斜陽古道上撿牛糞。刺骨的寒風刮得他渾身哆嗦，小手背上皸裂了無數大裂口，十個手指頭僵硬的無法伸屈。他顧不了這許多，一個勁兒地睜大眼睛，像找寶似地搜索。爲了一泡牛糞，不惜冒着寒風，跑上十幾里，因爲一家人煑飯取暖的燃料都要靠着他。上帝沒有賜給人類多眠的本領，全憑忍饑挨餓，度此寒多。早上兩碗小米稀粥，中午一個窩窩頭，晚上只有空着肚子去睡。每一個寒夜，都是一次生死存亡的關頭。

好容易熬過了嚴多，更嚴重的威脅又來了。每年十月到次年五月，整整八個月，田裏不會有一粒收入，在這漫長的青黃不接季節中，只有靠野菜樹皮來充饑。冰消凍解，草色遠看近却無，這時候他和一羣窮孩子，滿山遍野挖芨菜，刨苜蓿芽。楊柳迎風，桃李爭放，他却只端詳着楡錢，恨不得盼望它一夜長成，好採來塡充饑腸。夏秋不愁凍餓，但却更忙得喘不過氣來。放牛，放羊，撿麥穗，割牛草，還要給田中工作的大人送茶送飯。倘若收成好，晚飯後，還可以在打穀場上抽空數天上的星星，萬一收成不好，他便成了大人們的出氣筒。他經常噙着兩泡眼淚，咬緊牙關，拼命地工作，工作，工作。民國十八年，陝甘大旱，六百多天未落點雨，赤地千里，每一棵樹皮都被啃得精光，可能有草根的地方，整個地面都翻了一個轉，只要動物能吃的東西，沒有不找來充饑的。天上沒有了雀，地下沒有了鼠，樹上沒有了皮，觸目都是餓莩。村子裏的人，十之五六都作了餓死鬼，六歲的他，居然承上帝偏憐，度過了這一關。

靠着他的穎慧和勤勉，承蒙他父母的無限毅力和決心，他居然上學了。當時西北地區，兩三個鄉鎮才有一所高等小學，十八縣只有一所小的不能再小的中學。而那十八縣的面積比五個臺灣省還大。學童上學往往都要走幾百里，唯一的交通工具只是自己的兩條腿。他上學時都寄宿在學校裏，那時的學校生活比乞丐教士團的苦行僧還要苦上十倍。每隔四五個禮拜，他星期天早上摸黑起來，步行八十華里，回到家中，肩膀上扛一袋麵粉，再步行八十華里，趕回學校，參加晚點名。星期假日，到郊外撿拾柴火。下課後，在學校後面的茅棚下，用三塊石頭撐起一個爐灶，煑一鍋麵疙瘩，便是他的全部飲食。范文正公僧齋劃粥比他還要奢華的多，因爲范文正公除主食之外還有一撮虀韮下飯，他除了鹽外，什麼也沒有。生活雖然艱苦，但他讀書上進的雄心却無比高昂。沒有課本，借別人的來抄寫，沒有練習簿，自己用毛邊紙來訂做。沒有鋼筆，拔一根鵝毛，用刀片斜着削尖，沒有墨水，自己調配。一塊方磚，一碗紅泥，一枝用麻綁成的刷子，便是他全套練習大字的工具。他拼命地寫，拼命地讀，拼命地背，一盞孤燈，常陪伴他苦讀到天明。他幾乎拿讀書來代替吃飯。中學六年，他從課本上約略瞭解了一些現代知識。他的大部份精力還是灌注到中國經史典籍上，他熟背十三經，閱讀廿四史，批點資治通鑑。他滿腦子都是聖賢經傳，一肚皮忠孝節義，血管裏沸騰着國家民族的熱血。一個從泥土中鑽出來的苦命兒，一旦嚐着知識的滋味，那種求知的熱心，簡直要把他自己燒成灰。

在他來到世上的十幾年中，國家經過了軍閥混戰，北伐統一，九一八事變，一二八事變，長城戰役，溏沽協定，以至七七抗戰。在這許多歷史事件中，他只能搖旗吶喊，遊行演說，宣傳，貼標語，他的年齡使他不能參預戰鬪的行列，他恨不得立刻長大。

中學畢業後，他拜別了父母，貼身掛了一小袋老家厨房裏的灶心土，遠離家鄉，以朝聖者的毅力和心情，奔向戰時首都重慶。他背着一個小包袱，拄着拐杖，一步一步，翻過雲霧封鎖的秦嶺，穿越風雨其淒的巴山，一路上，吃的是番薯野菜，住的是破廟祠堂。遇見人煙稠密的地方，停下來，打幾天雜工，賺幾個零用錢，再繼續趕路。就是這樣，他還是沒忘記讀書。他包袱中背了一部三國志，一停下來，就拿起書和走過的地方對正，還不斷寫遊記寄到重慶報刊上去發表，一到重慶，那積存的稿費，正好排上用場，使他免於饑餓。

他投考軍校雖然失敗，但却考取了一所著名的大學，得到了公費待遇。從此吃住有着，不必再自己撿柴，自己煮飯，更不怕餓肚子。別的同學都對雜有沙粒稗子的米飯皺眉嘆苦，他却視若銀粒玉屑，別人把校區謚爲地獄，他自以爲進了天堂。這裏有飽學的教授，有看不完的圖書，他眞像撞入寶山。同學們把他當作地球邊緣來的蠻族，背地裏叫他「紅番」。讀到大學二年級，他才第一次看到電影，根本就沒進過有四張桌子以上的飯館。老天偏愛作弄苦命人，這期間他竟得了一場嚴重的瘧疾，每當發冷發燒的時候，他竟眞得拿起後漢書來讀光武本紀。

在抗戰司令臺旁邊，他更看清了國家的危機。當政府號召知識青年從軍的時候，他毅然投筆從戎，以二等兵的身份，參加了抗日聖戰的行列。剛剛完成戰鬪訓練，敵人便無條件投降了。隨着勝利的來臨，他編織了無數偉大的美夢。他要在沙漠中植樹，他要在高原上行船，他想在祁連山下辦學校，他想在帕米爾高原建工廠。但命運却支使他轉戰白山黑水之間，一再的負傷，結束了他的軍旅生活，他又到文化故都北平，重作學生。

北平的黃牆綠瓦，參天古柏，使他意識到民族文化的悠久。但學術思想的紛歧複雜，却令他萬分困惑。住着紅樓、吃着公費的大學生，白饅頭塡飽肚子高喊反饑餓。辛苦一天賺不到三個窩窩的三輪車夫，還得拉着他們滿街跑。太液池畔，御溝河旁，他經常徘徊深思。每當黃昏，他常去景山東側，撫摩明思宗殉國的那棵老樹。東單市場、隆福寺、琉璃廠，經常發現他在舊書肆中翻閱古書，北海北平圖書館，才是他唯一能够安靜下來的地方。

隨着局勢的逆轉，他到了紙醉金迷的上海，漫天烽火驚不破孤島上的狂歌熱舞，有人因通貨膨脹而啼饑號寒，也有人却趁機坐成暴富，一方面物資貧乏，米珠薪桂；一方面平津派大飯店和廣東派大飯店爭奇鬪勝。十里洋場竟無他立足之地，他到嘉興南湖畔謀了一個教職，課餘之暇，他遊姑蘇，登天平，過太湖，下杭州，飽覽江南風物，也深深體會出中華民族的潛力。

當國家亟需人才的時候，他還在埋頭學習，等他學成之後，已經時不我予。他空有一肚子學問，却找不到一個施展的機會。他又來到了寶島臺灣。這裏有四時不謝之花，有終年常青之草，不正是戰國方士所形容的蓬萊仙島嗎?他打起精神，想從頭苦幹一番，可是得道高仙太多了，那裏還有他揷足之地。千求萬託，總算在山區一個小中學裏找到了一份教書工作，他四分之一世紀的苦學，原來只配作一個村學究。他不怨天，不尤人，默默地教書，默默地自修。成年累月和一些蘿蔔頭廝混在一起，爲他們排難解紛，替他們指點迷津，和他們同樂，與他們共憂。唯有晨昏，他獨立山頭，遙望着天際浮雲，摩娑着胸前的「灶心土」，黯然流淚。看不見天際孤雁，看不見古道斜陽，但心底裏怎麼也抹不掉那些撿牛糞的日子。

施耐菴說：「人生三十而未娶，不應更娶。」千不該，萬不該，他在知命之年，討了一房妻子，接連生了三個兒女。生活的重擔，壓得他弓腰駝背，頭髮白了，眼睛花了，故鄉似乎更遙遠了。他還不到五十，誰知就這樣死了。留下一個毫無謀生技能的妻子，和三個嗷嗷待哺的孤兒。

像老王這樣的一生，能有幾個人爲他流淚，當然更不要想有人爲生者悲哀了。

我與延勳

延勳兄去世已經快三年了，他的遺著也在案頭上整整擱了兩年半了，可是我的心裏怎麼樣也不肯承認這是事實，直到今天我還希望它只是一場惡夢，盼望着有一天突然接到他從海外寄回的郵柬。三年來，我曾經千百次提起筆想寫一篇紀念文，可是每次一提起筆，都滿腔愁緒鬱結，不知如何下手。滿肚子的話都堵塞在喉頭，連哼哈一聲都萬分艱難。人到傷心處，想放聲慟哭都求之不得。一個接一個漫長的深夜，我枯坐燈前，面對着空白的稿紙，有時候愁緒萬結，有時候又一片茫然。皇天后土，過往神靈，爲什麼讓一個人歷盡千辛萬苦、受盡苦難折磨，當他嘔心瀝血、艱苦奮戰，剛踏上成功的門檻時，却殘酷地奪去了他的生命，這怎麼叫人能甘心呢？命運簡直是一頭惡貓，人不過是牠玩弄於掌股之下的可憐的小老鼠，這樣的人生，掙扎又有何用？

延勳兄和我同姓、同鄉、同學、同高、同胖、同是赤貧人家的子弟，同有一顆不向命運低頭的頑強的雄心。朋友們都以爲我倆是同胞兄弟，我們也從來沒有否認過。事實上我們之間的感情已超過了同胞手足，心靈相通，命運相同。我們自己也往往分不清，那句話是他說的，那句話是我說的；那篇文章是他寫的，那篇文章是我寫的。在許多情況下，我倆已融爲一體。不過他代表了好的一面，我代表了壞的一面；他代表了奮發向上，樂觀前進；我代表了消極頹唐，守舊落伍；他代表了人性最堅强的一面，我代表了人性最軟弱的一面。本來人身上就有這兩種相反的趨向永遠在互相衝突。延勳兄去了！一切美好的都消逝了！

和延勳兄初次相遇是在甘青道上。那時我不顧上司和同事的挽留和勸阻，毅然辭卸甘寧電信管理局的工作，重新背起書包，到西寧湟川中學去上學。那時蘭州還是梨棗滿枝、金風送爽的新秋佳日，一過黃河却衰草連天，秋風蕭蕭，天蒼蒼，野茫茫，風吹草低見牛羊。汽車飛馳在一望無涯的大草原上，同車多半是湟川中學假滿返校的學生，他們引喉高歌，高談闊論，逸興遄飛，豪氣干雲。唯獨我連一個熟人也沒有，滿腹離情別緒，瞻望前途，一片渺茫，默默無語，落落寡和。延勳兄看在眼裏，便主動來和我搭訕。他就是這麼一個人，處處爲別人設想，從不冷落任何人。彼此旣係同宗，又共同奔赴同一目標，一接談之下，立刻就很投機。那時候蘭州「西北日報」副刊上常刋登「歌者」的散文，我也常向那裏投稿，有一次我的一篇文章被手民誤植於「歌者」名下，而「歌者」的作品却誤署我的姓名，由於這段因緣得知「歌者」是湟川中學的學生。我問他可曾認識「歌者」，他謙虛地承認就是他。我也老實不客氣地告訴他，「白水」、「老村」、「古力」、「黃河」都是我。有了這層關係，我們之間相識不到一小時，便已無話不談了。延勳眞不愧「歌者」這一雅號，他歌聲宏亮，音域極寬，所會的歌曲又多，一路上他帶領大家唱了不少的歌曲。在塞外大草原上，汽車絕塵飛馳，車上一羣青年引吭高歌，今天回想起來，還覺得虎虎有生氣。

蘭州西寧之間，當時汽車行程要走兩天。第一天到了享堂，太陽還高掛在半天空，便停止前進。我倆踏着落日餘暉，漫步湟水之濱，一條滾滾黃流，遠從天邊而來，又流向天邊而去。這裏是從甘肅西入青海的第一站，湟水東流，大通河自西北來會，形勢險要，自古爲兵家必爭之地，經常駐紮重兵防守。西風殘照裏，古壘上不時傳來陣陣淒厲的號角。一輪好大好圓的紅太陽慢慢落向天邊的荒草堆裏。縷縷炊煙升向萬里無雲的藍空，烏鴉號叫着由頭頂疾飛而過，一隻老鷹一直向那無窮無盡的天際飛去。我倆不約而同地隨口念出：「大漠孤煙直，黃河落日圓」，兩人相視一笑，隨卽沉入邊塞的黃昏秋景裏。疾若驟雨的馬蹄聲驚醒了沉醉中的我們，回頭望去，一輪皎潔的明月已從我們早上來的地方升起，牧人的栗角劃破長空，悲壯愴涼，使人泫然欲涕，我順口念出李益的「夜上受降城聞笛」：

回樂峯前沙似雪，受降城外月如霜。
不知何處吹蘆管，一夜征人盡望鄉。

延勳低唱李頎的「古從軍行」：

白日登山望烽火，黃昏飲馬傍交河。
行人刁斗風沙暗，公主琵琶幽怨多。

我們倆個又共吟范仲淹的「漁家傲」：

塞下秋來風景異，衡陽雁去無留意，四面邊聲連角起，千嶂裏，長煙落日孤城閉。

濁酒一杯家萬里，燕然未勒無歸計，羌管悠悠霜滿地，人不寐，將軍白髮征夫淚。

對着「秦時明月漢時關」，我倆已超越了時光界限，兩顆心飛躍過秦漢隋唐，進入渾然忘我之境。當夜我倆投宿在同一個旅舍，聯床夜話，直談至塞上雄鷄報曉，才矇矓入睡。

延勲從小慈母棄養，父親流落他鄉，生死未卜。寄養在三叔三嬸家。他三叔家無恆產，靠趕車接送旅客過活。家裏經常吃得有一頓沒一頓，活命都成問題，上學更別妄想。但是他不受環境支配，不向命運低頭，咬緊牙關，硬幹，苦幹。小學畢業後，在民衆教育館工作了一段時期。抗戰開始後的第二年，考入甘肅省立蘭州師範。抗戰時期，政府爲了收容流亡青年，培養建國人才，辦了十幾所國立中學，全部公費待遇，管吃管住，還發制服。凡從淪陷區逃出的青年或籍隸淪陷區的青年，都可就讀，有些大後方的巨官富商子弟，單只因爲本籍已淪陷，一樣可以享受這種優待，非淪陷區的學生就是再窮也甭想指望分一杯羹了。甘肅非淪陷區，當然沾不上光。幸而師範生有公費待遇，所以延勲才考師範。蘭州師範原設在東梢門外暢家巷，和左宗棠手創的蘭州織呢局爲鄰。二十八年因日本飛機濫施轟炸，遷往楡中城隍廟。楡中是秦將蒙恬逐退羌人後所建的古城。境內興隆山水木清華，爲甘肅境內名山，抗戰時成吉思汗靈柩曾權厝於此。延勲兄和王錫大兄等一輩少年好友，朗誦荒城頭，行吟清溪畔，登古壘迎朝陽，臨清流邀明月。和王錫大、王正華等一輩少年同志，組織「生活檢討會」，定時集會討論爲學處世的各種實際問題。訂定生活守則，規定每日課業，交換學習心得，檢討行爲缺失。凡入會者皆須逐日記日記，並互相傳閱批評，一年半之中，他們的收獲超出常人五年努力的總和。這些朋友中，王錫大後來和我成了莫逆之交，王正華、梁兆五也一度和我有所往來。他們一個個都是篤學謹飭之士。讀師範終非延勳的本願，讀完二年級後，他便越級考入湟川中學高中部一年級。入學考試的作文題目「我」，一般學生都寫自己的傳記，延勳兄却從哲學觀點剖析羣己界限，深爲哲學博士王校長渭珍所激賞，一時膾炙人口，傳誦歷久不衰。

和延勳比較起來，我父母雙全，兄弟無故，比他幸運多了。只是家中幾畝薄田，在風調雨順的年月，收入尚不足以餬口，更兼年成不好，稅捐又重，家中能變錢的東西，典的典了，賣的賣了，全家大小有時候連苜蓿稀飯都喝不上一兩口，無休無止的徵兵徵糧却急若星火，實在挺不下去了，我百般無奈，才休學考入蘭州甘寧電信管理局工作。當我從故鄉平涼到蘭州的時候，延勳還在榆中，沒有多久，他就去了西寧。他有一幅「老太婆」徐興凱寫的條幅「不惜歌者苦，但傷知音稀」，是「老太婆」到蘭州來講學時寫的，我也有一幅「老太婆」寫的條幅「考竇早掃，書蔬魚豬」，也是同一時期寫的。可能那時候我們見過面，只是不認識罷了。

那時候，銀行工作，待遇優厚，一般人都豔稱爲「金飯碗」，郵局工作，待遇不惡，工作有保障，一般人都叫做「鐵飯碗」，電信局工作，吃不飽，餓不死，工作一樣也有保障，一般人都譴稱爲「橡皮飯碗」，捧着「橡皮飯碗」的人，除了分秒不差準時上下班外，公餘生活一般都很頹唐腐敗。我徼倖承蒙壽天章局長，薛維新課長的錯愛，留在辦公室處理文書工作。小伙子有的是用不完的精力，除了本身的正式工作之外，還兼了勵志分社的工作。每天在局門口的黑板上用粉筆抄寫新聞快報，編輯局內刊物「蘭電」，此外在報刊上常寫些狗屁不通的文章。和同事兼室友趙祖璽、李友梅、王金陵等，每天凌晨五時由轅門口跑步到城南中山林作早操。又攛掇勵志社利用報務員訓練班舊址辦了一所員工進修班。請繆總工程師超鳳教數學，汪工程師教無線電學，薛維新課長教電機學，張大偉技術員教英語，我自己以學員兼辦班務。我們一夥人學習情緒極高，收獲也相當可觀。後來李友梅上了西北大學，王金陵進了黃埔軍校，只有趙祖璽還堅守崗位，繼續留局工作。可惜我們之中沒有像延勳那樣天生的領袖，除了努力向上之外，每個人都無法有效克制自己心裏的魔鬼。尤其是我，心中的魔鬼常常奴役了良知，公餘之暇，跟着一些老先生到黃河邊的果園裏去痛飲，和年輕的朋友漫遊崔家崖、安寧堡、雷壇河、後五泉、雁灘、十八家灘。每天傍晚都到北城根下黃河畔的古道上去遊蕩，浪費了不少寶貴的光陰。後來我驚覺再這樣下去，將沉淪於萬刼不復之境，正好湟川中學在蘭州招考插班生，我便毅然去投考，幸蒙錄取，而且出榜時還把我的名字寫在最前面，這才辭職去上學。這是延勳兄和我互談身世的第一次，也是生平的唯一一次。他雖然窮苦，但是絕口不向人訴苦。老是大大方方、舒舒泰泰，雍容端莊，彬彬有禮，絕沒有一點寒酸像，我自己則土頭土腦、邋裏邋遢。我喜愛黃景仁的「兩當軒集」，他却不喜歡那些酸苦像。

第二天從享堂西行，一路沿着湟水前進，穿過著名的老鴉峽，揷天萬山中裂開一線細縫，一股洪流，直瀉而下，亂石崩雲，驚濤裂岸，車行峽中，人人噤若寒蟬，耳邊只聽到汽車的隆隆聲和河水的奔騰聲，互相應合。一出峽口，眼界豁然開朗，平疇沃野，溝渠縱橫，幾座秋林，數處人家，秋山紅葉，老圃黃花，成千累萬、又圓又紅的「花紅」果壓得樹枝都垂到地面。這便是樂都，又名碾伯。漢代初置破羌縣，後涼呂光、南涼禿髮烏孤都建都於此。汽車在這裏打尖，飽餐羊肉小籠包子之餘，我因剛讀過武威張介侯（澍）的「二酉堂叢書」，對五涼舊事正感興趣，延勳獨稱贊建言「屯田十二便」的趙充國。十幾歲的小孩子，放言高論，那時候嚴德浩師新應聘赴湟川任教，在一旁聽得目瞪口呆，以爲湟川中學學生有此程度，自己着實應該考慮敢不敢去任教。德浩師是我們最欽佩愛戴的老師之一，後來談起此事，我們眞不好意思。

繼續西行，一路上看見有人在河中淘金。未到青海之前，常聽人說：青海隨地拔起一根草，可能根上就帶有黃金，騎馬涉水過河，說不定就會踩死幾條魚。如今身歷其境，才體會出沙裏澄金這句話的妙處。過了樂都盆地，又是有名的大峽。峽中有平戎驛，殘軍廢壘，令人發思古之幽情。青海當時在馬步芳將軍治下，一路上著名的青海騎兵，騎着駿馬，揹着長槍，身上翻穿老羊皮襖，嘴裏唱着「花兒」，疾馳而過。「花兒」是一種民歌，曲調簡單，而歌詞則變化無窮，有點像客家人的「採茶」。典型的花兒歌詞是這樣的：

尕馬兒騎上槍揹上，西口外去挖大黃。

日頭落了你莫心慌，碴黑兒來到你的炕上。

聲音高亢激昂，如裂帛石，在荒漠的大草原上唱起來，可以傳越九重山。粗放豪邁，令人想起彎弓射鵰的成吉思汗。我對這種原始性的音樂聽得如醉如痴，延勳兄似乎並不措意。穿過了大峽，又穿小峽，這才到西寧盆地，首先進入眼簾的是馬家軍的大本營樂家灣，營壘整齊，刁斗森嚴，令人不由自主地有一種窒息感。由樂家灣到西寧，一路大道如砥，白楊夾道。車轔轔，馬蕭蕭。到了西寧東關，班車已到終站，旅客各奔前程。這時延勳施展出他的外交長才，和西寧站的趙站長幾經交涉，竟蒙破格直駛贾小庄。落葉滿西寧，秋風過湟水，在西風殘照裏，滿地落葉中，我終於住進了湟川，湟川也永遠住進了我的心裏。

湟川中學是中英庚款董事會運用英國所退還的庚子賠款辦的。當時一共辦了三所中學，一所是設在甘肅酒泉的「河西中學」，一所是設在貴州安順的黔江中學，一所便是設在西寧西門外南川河畔賈小庄的湟川中學。湟川是一所沒有圍牆的學校。在空曠的田野中矗立着幾幢樸素的校舍。門口綠水白楊環繞着一個大操場。兩排南北向的西式平房之間，夾着一個永遠不關閉的校門。正對校門是一幢兩層樓房，樓上是女生宿舍，樓下是辦公室。樓的東西兩旁稍後一點，各有一排教室。樓的正後方是大禮堂。禮堂的東西兩側分別是圖書館和理化實驗室。圖書館的東邊是廚房和餐廳，理化室的西邊是單身教職員宿舍。校舍東側有一個四合頭院子，是男生宿舍，校舍西側和操場南邊有幾個小院落，是教職員宿舍。校東一箭之遙是湟川附小。我剛到的時候，學校還沒有開學，一切食宿雜務，都是延勳代我張羅，不管你是誰，只要和延勳在一起，你就有福了。他總是自告奮勇，自動出頭替大家解決困難，任勞任怨，凡事替大家設想，顧全大局，從不考慮自己。以後我們一同讀書旅遊，一切交涉、採購、食宿安排，都是他的事，我只坐享其成。

延勳又介紹我認識了和我同班的朱建新弟。建新浙江海寧人，他的尊人當時擔任中國農民銀行西寧分行的襄理，從小就由湟川附小讀起，也算是湟川的老資格了。他人長得小巧伶俐，聰明活潑，功課很好，嘴巴又甜，老師們人人寵愛，同學們都叫他「尕朱阿惹」。自從認識後，湟川兩年，他一直是我的尾巴，我走到那裏，他跟到那裏。延勳、建新和我，被稱爲「湟川三朱」，龍頭延勳，是自治會的主席，合唱團的團長、歌手兼伴奏，話劇社的編導，校刊編輯，講演辯論的學校代表，他能說、能寫、能唱，又會演奏多種樂器，更是天生的領袖人才，這位龍頭眞是昂首青雲，不可一世。龍尾建新，是話劇社的演員，合唱團的團員，尤其是大衆喜愛的寵兒，搖尾應首，騰雲駕霧。只有我這龍身子，百無一用，附驥尾而長馳。我們三位一體，凡事有一個就少不了另外兩個。

校長王渭珍師，柏林大學哲學博士，是一位「望之儼然，其即也溫」的君子。平常很少講話，表面上似乎並不故意接近學生，他却能叫出全校每一個同學的姓名，而且還深切瞭解每一個人的環境和性向，甚至誰常和誰在一起，他都一清二楚。他完全摒棄「朴作教刑」那套老辦法，我在湟川的兩年期中，從沒聽到他開除了誰或給誰記了過。完全由學生自覺、自動、自治、自愛。幾乎達到了學生治校的境地。教務處只有一個職員，訓導處主任之外，只有一位音樂老師兼訓導員，家事老師兼女生舍監。除了上課之外，其他一切活動都由學生自己主持，自己主持早操升旗，自己辦理伙食，自己管理宿舍，自己監督自習，自己主辦課外活動，自己出版壁報，自己主辦演講會、辯論會，甚至一年一度的全校運動會都由學生自己來主辦。愛好話劇的自組話劇社，愛好歌唱的自組合唱團，愛好運動的自組球隊，愛好登山的自組登山社，愛好文學的自組文學會。這一切都由學生自治會總其大成，延勳兄便是學生自治會的主席，我和建新當然都是重要幹部。江山代有人才出，各領風騷一二年，在我們那段時期，眞是湟川的黃金時代。

鐘錶在那裏是沒有多大用場的。學校完全採用日光時間。天邊剛泛魚肚白，就吹號起床，大家集合到操場上跑步，或到西山去爬山。太陽露出臉來，集合到升旗臺前升旗。升旗之後，有兩小時的晨讀。風和日麗的日子，大家人手一册，到田間的小徑上，邊走邊談，這時老師們也出來散步，師生們一面散步，一面質疑問難。頗有古希臘蘇格拉底和他的門徒的味道。晨讀之後，集體進餐。早餐後，一連上四節課，春夏中午有午點，秋冬一天只吃兩頓。下午兩節課之後，便是一節課外活動。各寢室、各教室、圖書館、實驗室的門，一律上鎖，全校學生都到操場上去，打球的打球，賽跑的賽跑，拔河的拔河，跳繩的跳繩，就是那些不喜愛任何運動的人，也得出來散步。課外活動之後，略事休息，便用晚餐，晚餐後是眞正的散步時間，大家三五成羣，到田野裏、小河邊、柳蔭下，邊走邊談。我們「湟川三朱」總是走在一處，談論當天的學習心得，述說對宇宙人生的看法。談論當天所讀的書，傳述當天所聽到的奇聞異事。我和延勳在基本態度上有着很大的差異，我喜歡向後回顧，延勳一昧向前瞻望。我愛讀歷史，他立志要學新聞。我看新聞是因爲它卽將變成歷史，他讀歷史是爲了印證新聞。我讀的全是線裝書，他看的都是現代作品。由於這一基本上的歧異，我們對於事情的看法，往往各走極端，互相辯難。這時候建新總是默默地夾在兩人中間作忠實聽衆。散步回來之後，我急忙找出他所提到的書籍翻看，他也找出我所引述的史籍來查證。最後新的舊的，兩個人都看了。和延勳兄在一起，我性格中好的一面便覺醒滋長，一離開他，我性格中壞的一半便蠢蠢欲動。我這一輩子心中一直有一個魔鬼和良知拚鬪。這大概就是宋儒所謂的「天人之戰」。那時候羅家倫的「新人生觀」和馮某的「貞元三書」常是我們討論的對象。他對我看佛經期期以爲不可。我們兩個除了共同的朋友楊鏡、陳瑞、孫文河、費琢如、王汝清外，又各自有各自性之所近的朋友，他的朋友多是些新派人物，我的朋友像馬龍、金發善輩，多是些塞上英豪。他處理事務，善用策略，訴諸理性，我則偏愛快刀斬亂痲，全憑情感。那時我們都看過張恨水的「太平花」，我對書中的軍閥王老虎贊佩備至，他們取笑我，給我取了一個「朱桂大帝」的外號，又叫我「尼祿大帝」。我也不以爲忤。晚上三小時的自習什麼功課都可以做完。那時候的中學生多的是看課外讀物的時間，不像現在中學生整天抱着課本死啃。

湟川中學不收學費，但非淪陷區的學生，吃的穿的，還得自理。好在學校對成績優異的學生設有獎學金，我和延勳都是靠獎學金繳納伙食費的。青海不出產棉花，又沒有紡織廠，一切布匹都是遠從西安洛陽用騾馬駝來的，其昂貴可想而知。一套粗布衣服穿上四五年還算奢侈，有的人一輩子就只穿那末一件光面老羊皮襖。湟川兩年，延勳始終只穿一套青色布質中山裝，冬天的時候，裏面加一件毛衣，外面再加一件夾大衣。兩年之中，他三嬸只託人給他帶過一次內衣褲和鞋襪。至於衣服的洗滌和縫補，大家都是自己動手，倒不覺得有什麼不方便，只是肥皂太貴了，只能用鹼水湊合。一條洗臉毛巾足足用了一年半，還捨不得扔掉，刷牙只能用鹽巴，不要說牙膏了，連牙粉也買不起啊。最難對付的還是被蓋，西寧多季酷寒，一般居民，都睡火炕，學校沒有這種設備，家境寬裕的同學，都是皮褥子，厚棉被，半夜裏還冷得直哆嗦。延勳倒有一條磨得毛都掉光的狗皮褥子，那條被子又薄又小，裏面的棉絮起碼用了十年以上，每一個寒冬夜晚，便是一場生死關頭。只有放寒假後，離校回家的同學，留下許多被蓋，才暫時幫忙渡過這一關。文具簿本，就更因陋就簡，拔一根鵝翎，用刀片把翮部削斜，便是醮水鋼筆。墨水自己用土法調配，買幾刀土製毛邊紙，自己裝訂練習簿。好在毛筆和墨都不太貴，而且各種比賽常當作獎品發給。當時的生活，比最刻苦的苦行僧還苦過百倍，集中營的囚犯，他們的物質生活絕不會比我們差，但是我們的情緒亢奮，心境愉快。寒夜北風吹得門窗「咯吱！咯吱！」價響，單薄的棉被就像一張紙，根本擋不住寒氣。蜷屈在床上戰抖的連整張床都搖搖欲墜。全靠「明天太陽就要出來了」這一信念，才支持着熬過一個一個寒夜，衝破黑暗，奔向黎明。

塞上酷寒，殘冬臘月，滴水成冰，學校很早就放了寒假。有家的同學紛紛回家過年，唯獨少數無家可歸或有家歸不得的同學，仍留守學校。平日熙熙攘攘的校園頓時冷冷清清，樓去人空，一種被遺棄的感覺襲上心頭。延勳和我當然都要留校，當時沒有電影電視，全校唯一的一架收音機經常都在待修之中。城裏是絕跡不去的，朋友也很少來訪，爲了排遣寂寞，只有讀書、讀書、再讀書。出太陽的日子，搬一張桌子，放在背風向陽的地方，一看就是一個上午，晚上埋頭燈下，直看至深更半夜。延勳經常都在看英文，像「愛的教育」「雙城記」等，一面看，一面翻字典，讀得非常認眞。我則猛翻資治通鑑和十七史。

湟川中學的老師都是精挑細選過的，大部分都是從各大學敎授講師中挑選來的。後來又都回到大學裏去任敎，北大、清華、北師大有很多敎授都在湟川中學敎過我們。最近張起鈞敎授在回憶錄中提到他在衡山從尹以瑩師學相對論的情趣，頗使我有萬里他鄉遇故知之感。可惜延勳已經不在了，不然我一定剪下來寄給他看。以瑩師也留住學校，他最擅長講故事，講起來有聲有色，賽過職業說書人，還多了一層書卷氣。每天晚上，我們十幾個人，聚集在斗室裏，圍着一盆熊熊烈火，聽他講「蜀山劍俠傳」，聽到精彩處，一個個瞪目張口，大氣都不敢喘。尹師北大物理系畢業，本來留在北大任敎，抗戰後來到西北，他開講之前，照例要講一段物理學，講故事中也常穿插一些物理學上的道理。我們畢業後，他也辭職轉往國立社教學院任教。尹老師令妹在重慶社教學院讀書，湟川校友多與她頗有往還。嚴德浩師擔任化學，他把化學上必須牢記的東西，編成合轍押韻的歌訣，他的國文程度很高，常給我們傳授他的「作文八段錦」。教務主任劉雁賓師，也是北大物理系畢業，師母郭錦惠老師北師大史學系畢業，他們夫婦對延勳特別照顧，延勳畢業後留學工作一年，就是他們給安排的。訓導主任靳重言師，北大史學系畢業，對我關照無微不至，他身兼學校直屬區黨部及團部兩個書記，提拔我作幹事，每月領點津貼補貼零用。還有許多恩師，像愛護子弟一樣地愛護我們，這是苦難中人性善良一面的顯露。

寒假中最難過的是農曆新年，農業社會，最重年節。吃過臘八粥以後，各村各社，臘鼓頻催，急景凋年，「臘月的兎兒不離窩」，路上的行人都加快脚步，匆匆趕回家去團聚，唯有我們幾個孤苦伶仃的孩子，隻身流落在外，一陣一陣的鼓聲撞擊的人心欲碎，一些感情脆弱的人，把頭埋在被子裏飲泣。記得到青海後第一個大年三十，紛紛揚揚地下着滿天大雪，山如玉簇，林似銀妝，大地一片銀白。「千山飛鳥絕，萬徑人蹤滅」，粉妝玉琢的宇宙中，沒有一絲雜色，沒有一隻飛鳥，沒有一頭走獸，沒有一個行人。莊嚴聖潔，美的令人窒息。忽憶起三國演義上黃承彥所吟的那首古風：

「一夜北風寒，萬里彤雲厚，長空雪亂飄，改盡江山舊。仰面觀太虛，疑是玉龍鬥，紛紛鱗甲飛，頃刻遍宇宙。騎驢過小橋，獨嘆梅花瘦。」

好個「騎驢過小橋，獨嘆梅花瘦」，引發了我倆的豪興，兩人相偕踏雪漫遊，從南山下走向北山脚。天地間浩浩渺渺，一路上只聽見自己的脚步聲和落雪的碎玉聲。回頭看，來路上兩道深深的脚印，延伸到很遠、很遠，起初兩個人還是銀色世界中的兩個黑點，漸漸地，滿頭滿身都積滿了白雪，和大地融爲一色，只見兩個雪球，在銀色廣場上蠕蠕滾動。我們由南山到北山，再由北山折回南山，這時候語言已是多餘的了。「天人合一」的境界，大概就是這樣。回到校中，建新弟冒雪送來一隻滷鷄，正在宿舍中等着我們。

西寧南方五十華里處的塔爾寺，是黃教始祖宗喀巴的誕生地，也是他瘞骨之所。到了西寧不去塔爾寺就如同到羅馬不去朝謁聖彼得大教堂一樣。塔爾寺的廟會一年有兩次，一次是六月六日的「曬佛節」，把寺中珍藏的一幅數畝大小的錦繡佛像展放在山頭上曝曬。一次是正月十五的燈會。兩次都在假期，我和延勳都一同去過。宗喀巴出生在魯薩爾鎮，翻過一個小山嶺便是宗喀巴瘞骨的塔爾寺。塔爾寺是由大大小小幾十個寺院組成。其中以大小金瓦寺最爲著名，屋瓦都是用鎏金作的，金壁輝煌，院宇壯麗，大經堂一次可容納僧侶二千多人。內藏金玉、藏經、金銀佛像無數，或謂其財產足以償庚子賠款而有餘。寺內收信徒獻金的地方是在一所四開間的樓上，樓下就是金庫。朝聖者把整袋的金銀元寶、銀圓、銅板，往地板上一倒，由兩個執事喇嘛用笆推到樓板開口處，流入金庫。不登記姓名，不報數額，多少菩薩心裏有數。廟裏有一個煮茶的大鍋，一次可煮幾百人飲用的酥油茶。傳說有一次有一個小喇嘛登梯子爬上鍋邊去舀茶，不小心掉到鍋裏去了。等到整鍋茶用完後，才發現鍋底上有一把骨頭。第一次去塔爾寺完全由延勳兄一手所策劃。正月十四早上，天還沒亮，我們就溜進厨房裏去飽餐一頓，懷裏盡量多揣些冷饅頭，便整裝出發。從西寧到塔爾寺沒有公路班車，馬車馬匹，我們乘坐不起，唯有用兩條腿步行。一路上沿南川河走去，廿五公里的路程，不到四小時就走到了。塔爾寺沒有旅館，當地居民最頭疼的就是廟會期間，各地親友如潮水般湧來，作主人的眞是應接不暇，左右爲難。不招待住宿嗎？於禮有虧，招待住宿嗎？那裏有那麼多的房屋和被蓋，有的人索性躲起來，避不見面。我們一到塔爾寺先找到在寺中進修的藏文老師侯老師，請他介紹住處，安頓好了之後，再去找朋友。我有一位姓白的朋友，他的弟弟在一所小寺裏作活佛。延勳陪我去找他，一見面寒喧兩句之後，延勳就直接了當地告訴他，我們已找到住處，解除了主人心理上的負擔，招待的份外親切。這是延勳最拿手的絕招，先替別人解決了最棘手的難題。別人覺得再不盡點力、幫點忙，便問心有愧。在那裏我們嚐到了馳名大西北的「奶油茶」。把磚茶刮成細末，放進燒開的紅銅茶壺裏熬上半個時辰，用開水把茶碗燙熱，趁着茶水滾燙的時候，倒進茶碗裏，投一大塊「酥油」（一種未經提煉的奶油），酥油融化後漂浮在茶水面上，趁着熱的時候，端起茶碗，猛吹一口，茶面上的油層被吹出一個小空，趕緊猛喝一口。初喝時，又燙又腥，頗不好受，喝上癮了，便自然而然以爲天下美味，無逾於此。十四是燈會的預備期，各地信徒，紛紛湧向寺院。蒙藏同胞信敎的虔誠，眞令人感動。他們由住地出發前往朝聖，好多人全程都跪拜前行，他們磕的是「等身頭」，先立定，雙足拼攏，然後雙膝跪地，再撲爬到地面，整個身子都貼在地上，額叩地面作響，伸手在前面劃一條線，爬起來站在線上，再行禮如儀。縱令全程幾千里，只要許了願，就得一步一拜地跪拜前去。有的人許下願，每天繞寺跪拜幾圈，有的人到寺外某處開始跪拜入寺，滿是塵土的大道上到處都是跪拜的人羣，塔爾寺大殿的地板厚達數尺，一年下來，跪拜的人兩手便磨出兩道深壕。寺中僧侶把它換下來，陳列在殿前，作爲一年來，信徒膜拜的成績。我被感動的熱淚直流，延勳卻以爲愚蠢可憐。那時班禪十世正在塔爾寺舉行坐床大典（卽位大典），在喇嘛教信徒心目中，活佛踏過的泥土都是芬芳的，甚至他的大小便都可醫治百病，我們有幸參謁了活佛，蒙受他的摩頂大恩，我認爲終身莫大榮幸，延勳好像並不在乎。正月十五早上有賽馬大會，各族騎士，騎着各色駿馬，在寺前的跑道上，風馳電掣，呼嘯而過，在電影上我看過不少外國人賽馬，總覺得纖巧有餘，缺少蒙藏人那股豪邁氣概。正午是跳神大會，由一排拿着一丈多長的大喇叭的喇嘛吹奏開始，許多穿着各種顏色的服裝，帶着牛頭、馬面各種兇神惡煞以及白神、黑神面具的舞師，隨着沉鬱的鼓聲，重重地踏地蹣跚舞蹈，每一響鼓聲、每一聲脚步，都重重地擊在每一個人心上。跳到最高潮，從一個盆子裏拿出一個麵人，狠狠地把他斬爲數段，叫做斬「年」。有人說所斬的「年」暗指雍正時討平羅卜藏丹津的撫遠大將軍年羹堯，寺前八座葫蘆形的圓塔就是爲了紀念被年羹堯屠殺的幾位大喇嘛而建的。也有人說「年」就是中國傳說中吃人的怪物「年」。延勳說跳神的鼓聲和舞步都和非洲的土人有些相似，只是更淒厲，更富於原始色彩。晚上到了廟會的最高潮——燈會。燈架搭在廟前廣場上，分爲兩棚，一棚是花架，用酥油作成各種維妙維肖的人物、花卉、鳥獸、蟲魚、亭臺樓閣，陳列在三丈多高，上下無數層的木架上，架上又點起千百盞酥油燈，火樹銀花，照耀如畫，手工之精妙絕倫，令人嘆爲觀止。一棚是佛像，同樣大小的木架上，陳列着千萬尊酥油揑成的大小佛像，點燃着千萬盞明燈，場面之壯觀，是我畢生所僅見。燈會之後是月光賽唱會，一羣羣青年男女圍坐在月光下的山頭上，塞上寒夜滿月，份外皎潔冷艷，歌手們手裏提着酒壺，嘴裏唱着自編的「花兒」，或捉弄，或盤考，或傾訴思慕，或發舒幽怨，唱畢即把酒壺遞給歌詞中所指的對手，對手接到酒壺，立刻作歌答覆，或解釋，或應答，或拒絕，或接受，各騁才華，各吐衷曲。男女月下對口，旣浪漫，又豪邁，無懷氏之民歟？葛天氏之民歟？十六日清晨起來，昨夜的繁華場，不知何時已消逝的無影無蹤，四大皆空，象徵人間繁華，如霧幻泡影，如露又如電。我們也只得興盡而返。這次壯遊，延勳和我都有遊記發表在蘭州的報紙上，延勳的一篇，後經改寫，發表於民國卅六年的南京「山海」雜誌，卅七年再經改寫，附揷照片，發表於曼谷的「中原日報」，可見延勳兄對此行的重視了。

塞上春遲，農曆三月，桃李始花。冰消雪融，土膏微潤，農夫叱牛春耕，每天早晚，賈小庄的原野上，到處散布着行吟的湟川學生。麥苗長到一寸的時候，開始拔草，這是婦女的工作，男子漢是不屑意幹的。三五成羣的年輕婦女，爬在青青麥田裏，一面拔草，一面口中唱着花兒。這季節我常跟在馬龍等一般青海籍同學後面，聽他們和拔草女對口唱和，這種地方，延勳兄絕不參加的，他畢竟是舊禮薰陶下的古板少年。青海省政府爲了飲水思源，追懷先德，在南川河邊興建了一座麒麟（紀念馬麒馬麟）公園，小河畔，疏林中，點綴了幾座亭臺，還挖了一個池塘，作了一條小船，有幾家野酒店，倒有幾分「水村山郭酒旗風」的意味。每天傍晚，我和延勳、建新常來這裏流連，我們還在池畔小橋照了一張合照。池水清澈如鏡，人影樹影都倒映池中，被清晰地拍攝下來，如今我還帶在身邊，可惜年深日久，不能製版翻印了。西寧習俗，每逢春秋佳日，居民多扶老携幼，牽羊載酒，到郊外野餐。湟川中學入境隨俗，也在春光爛漫之日，全校師生到湟水之濱野餐，延勳領導的合唱團唱了不少的歌，其中的「農家樂」，至今我在夢中還依稀聽得見。我也講了一則「張飛和曹植比文」的笑話。笑的郭老師把飯噴了劉老師一身。

時光在歡笑中飛逝，延勳高三畢業了，理應即刻去上大學，無如到內地的一筆旅費無處張羅。無奈唯有忍痛躭擱一年，暫時留校作職員，掌管圖書館和理化實驗室。於是他由學生變爲職員，遷出學生宿舍，搬進單身教職員住宅，開始有了一間屬於自己的房間。沒有過過無家可歸的長期團體生活的人，是無法理解「自己的房間」的意義的。沒有自己的園地，沒有純屬個人的秘密，一個人赤裸裸地呈現在大家面前，像動物園裏供人觀賞的野獸一樣。有了一間屬於自己的房間，有一扇自己可以開鎖的門，有一張自己專用的書桌，關起門來隨意看自己喜愛的書，隨自己的喜好起居作息，眞是莫大的享受。不過延勳的房間還不能完全屬於自己，一下課，我和建新就往裏面鑽，倒成了我們三個人共同的窩。

當年暑假中，三民主義青年團青海支團部在香山公園舉辦了一次夏令營，渭珍師兼支團部幹事長，湟川的許多老師都被請去任教，延勳被請去教唱歌，我則被調去受訓。香山公園在西寧之西七十華里的元朔山下的平原上。三山聚會，二水交流，在青翠欲滴的灌木叢林中點綴着點點雪白的營帳，景色美極了。這裏除了「橋頭」逢二五八的集市外，平常沒有一戶人家。騎五軍有一連騎兵在附近結營立帳，照管周圍幾百里內散放的馬匹。開訓那天，青海省主席馬步芳將軍親臨主持，他站在講臺上，由陳秘書長代他恭讀　總理遺囑，代他宣講訓詞。我們按照青海習俗，伸直五指，舉手高呼「主席萬歲」，馬將軍一樂，向陳秘書長伸出五指，陳秘書長立刻宣布「主席賞各位五頭牛」。大家一聽，萬歲之聲，此起彼落，這一下主席更樂了，伸出五伸，連幌兩幌，秘書長又宣布「主席再加賞五頭牛」。夏令營四個禮拜中，我們平均八個人就吃了一條牛。元朔山是當年羅卜藏丹津根據地之一，山上森林茂密，海拔極高，登臨其巔，確有「高處不敢話，恐驚天上人」的感覺。從上海來的鄭同學說：「將來回到家鄉，我要告訴家人，我曾經到天上採擷過星辰。」我打趣他說：「孔子西行不到秦，掎摭星宿遺羲娥」，兩人相視大笑。在山脚下我看到了像一座小山一樣的蟻垤。我寫了一篇描寫營區風光的文章，得了作文比賽第一名。過去湟川對外各種比賽都由延勳代表，穩得第一。如今延勳畢業了，其他各校，以爲去了勁敵，大可一展身手。講演會、辯論會由於延勳的指導策劃，我又都得了第一。逃難南來，一切書籍文件，散失殆盡，唯獨這三張獎狀，幸得瓦全，大概是老天有意讓我保存我倆共同努力的光榮紀錄。我們參觀了十幾里路外的一處煤礦。礦工是用一個碩大無朋的轆轤繫着一個吊籃吊向井中，煤和水都是由吊籃吊上來，礦工在地下工作日久，雙目失明，便改派在地面上搖轆轤，幾十個人打着赤膊艱辛地賣力工作，活像古羅馬的奴隸，看得人毛骨悚然。在夏令營中我結識了譚民義、鄒國柱、韓寒、牛眞、朱慶等一輩青海少壯反對派領袖，也深切瞭解他們的憤怒和意願。我很同情他們的處境，但是我對馬主席手段的明快果敢、政令推行的澈底，具有偏愛，我盡量疏遠他們。歸來之後，我寫了一篇「香山歸來話香山」，闡述我的見解。

湟川老師中唯一不住校的是韓老師，他有一匹老馬，每次騎馬一直走到教室門口，下馬進教室上課，那匹馬就靜靜地站在門口，好像也在專心一意傾聽韓老師精彩百出的講課，下課鐘響了，那馬把頭一揚，一聲長嘶，韓老師便走出教室，騎馬回家。韓老師是西寧著名學者，北大畢業，精研譜系學，詩詞歌賦，造詣很深。他家有一座五間大的藏書樓，裏面藏滿圖書，其中頗多罕見的海內孤本。延勳帶我去參觀過好幾次。我自己也不止一次去單獨拜訪過。還有一件大事，不記得是那一年多天。西北監察使羅家倫巡視西寧，在一個大雪紛飛的日子，湟川同學集合在風雪中，聽羅氏講新人生觀。那次羅氏作了著名的青海歌，也把那首歌詞寫給延勳，給我也寫了玉門出塞歌。那幅中堂我不愼遺失了，卅五年在廬山又請他重寫了一遍。如今還存在舍間。

延勳在湟川工作了一年，我和建新也畢業了，我們相約一同到蘭州去再作打算。離開湟川的那天，學校派校長的專用馬車爲我們搬運行李。一百多位同學步行到車站送行。人太多了，大家太熱心了，七手八脚，到了車站，發覺延勳裝一年積蓄的那個手提袋不見了，這一晴天霹靂嚇得我頭暈眼黑，建新急得直哭，完了！延勳的一年辛苦、一生希望都完了。我主張退票分頭去找。延勳却無比的沉着冷靜，絕無一句無補於事的怨言，這時候充分表現出大將風度，一面派人分頭沿路去找，一面招呼我和建新押運行李照原定計劃上車，他自己留待下一班車再走。由於這件意外打擊，一路上，我都視而不見，聽而不聞，昏昏沉沉，如中夢魘，到了蘭州，整個人都成了白痴。過了三天，延勳高高興興地回來了。西寧民俗純樸，尙有上古道不拾遺的古風。延勳失落的提包被一個農民撿到了，自動送了回來。這時我心頭一塊石頭落了地，不禁狂呼雀躍。那時建新的尊人已調職蘭州農民銀行，我寄居暢家巷四舅家裏。我曾經到橋門街延勳的三叔家裏去看他一次，他也到過暢家巷四舅家裏看我，我們都寄人籬下，在住處招待朋友諸多不便。每次我們都約好了在外面見面。在中山林、在蘭園、在雁灘，常有我們的蹤踪，延勳決定了要去重慶讀新聞，我則猶豫不決，徬徨無主。物理尹老師勸我學物理，化學嚴老師要我跟他到師範學院學化學，數學趙老師力持我學數學，四舅要我到同濟去學醫，當年在西北考古的顧教授却誘勸我學歷史，而當時最熱門的是經濟。我自己一方面拿不定主意，一方面摸摸口袋也拿不出一筆旅費，所以暫留蘭州，再定行止。萬一實在沒辦法，重回電信局，再幹兩年。我眞對不起愛護我、殷望我的這些師友，我這一生對不起任何人，我像甚麼？我做了些什麼？一個辜負天地父母、老師同學、親戚朋友的行屍走肉。沒有多久，延勳獨自到了重慶，順利考入小溫泉中央政治學校（國立政治大學）新聞系，校中管吃、管穿、管住，不愁衣食，一心讀書，沒有零用錢算得了什麼？只是校中發的布鞋不够穿，買草鞋的錢要大費周章。

延勳臨走之前，把他在蘭州的一些朋友都介紹給我和建新，王錫大兄我們就是這樣認識的。這段時期，王金陵由成都路過蘭州去新疆，李友梅由武威回蘭州轉赴寧夏，我們都在蘭州作了短時歡聚，上帝的安排，眞奇妙莫測。到了十一月，我也動身赴重慶。那時候的汽車，「一去二三里，拋錨四五回，修理六七次，八九十人推」。一路上行行復行行，心急的人都會急出白髮。我却好整以暇，一路遊山玩水，在天水以朝聖者的虔誠參拜「桃李無言下自成蹊」的飛將軍李廣墓，應一個兒時玩侶之邀喝得酩酊大醉，在徽縣第一次聽到夜雨打芭蕉。我覺得人活在世上，應該作一個雅興正濃的遊客，應該隨時瀏覽沿途的山光水色，不應該作一個奔走使命的走卒。過雙石舖之後，一路都是風景名勝，一路都是歷史古跡，我的遊興更濃，文思泉湧，每天晚上都寫一封長信，描述沿途見聞，先寄蘭州給建新，建新看過之後，再加幾句案語，轉寄給延勳。到了留壩縣留侯廟，青山翠谷中，急流飛雪濺玉，古松參天，萬竿修竹之中隱藏着仙人赤松子的小閣，我被這景色迷昏了頭。在信中加意描寫之外，結尾還加了這麼幾句：「勞人草草，何處是結局，不如歸休，我欲隱矣」！此後一禮拜，因汽車等待換修零件，一直住在留侯廟招待所，未再寫信。延勳大吃一驚，以爲我眞得出家修行去了，連忙寫了好幾封信向建新詢問。建新甚至搬出他的尊人拜託農民銀行運鈔車一路打聽。秦嶺車行雲霧之上，馬道追憶韓信，廣元尋武后遺跡，細雨騎驢過劍門，綿陽古渡懷抗日名將，夜浴西溫泉蘭湯，都有詳細的報導。後來延勳建議把這些信編成一冊「巴山書簡」出版，我們都沒有門路，只得作罷。

十二月上旬，我住進了「巴山夜雨漲秋池」的復興關，關上有座「夜雨寺」，立刻使人聯想到李商隱的「夜雨寄北」，到重慶給建新的第一封信就抄錄了這首詩。到校後因所學與志趣不合，曾三上縉雲山頂禮太虛法師，又從張純一師問佛，革命教育熾熱如高溫爐，和我「閒愛孤雲靜愛僧」的性格不甚相宜，延勳兄特地從小溫泉趕來相勸。小溫泉復興關之間，路程雖不很遠，也有班車往來，但是戔戔車資在我們却是大事。我倆坐在黃沙溪的茶館裏，望着滾滾長江，數點點風帆。聽延勳娓娓述說理想和抱負，一席話使我茅塞頓開，決心接受革命洗禮。我們兩個聯合給建新寫信，事先不經協商，拿起筆來，他寫一句，我續一句，像古人聯句一樣，互出奇招，一口氣寫了五六張信紙。建新酷好新文藝，家庭經濟比較寬裕，他看到報上有新書廣告，就滙錢來叫我代買，買來後我總是先看過後再寄，因此在重慶幾年之間，我看了不少新文藝作品，爲了趕着寄出去，也養成了速讀的習慣。有一位小說家田濤和四舅是連襟，輾轉介紹，我很結識了幾位作家。盛成師本來就在學校任教，張翰青師又和老向（王向宸）相交莫逆，天橋派的作家，我幾乎認識了一半。我也看穿了「作家」的西洋景，對於他們由崇拜而趨於冷漠，再也不妄想寫作了。延勳當年在青海的時候，能唱歌，能彈風琴、吹口琴、拉手風琴，還會玩好幾種樂器。那時青海省政府大力推行樂教，養了好幾位音樂家，採集民歌。王洛賓在西寧非常活躍，現在流行臺灣的「四季花開」似乎就是他採集的青海民謠。延勳和王也有幾面之緣。到了重慶，他忽然不再彈唱，寫「野玫瑰」的陳原好像在政校任教，他也沒提過。青海政治單純，大家只知道讀書，到了重慶，眼界一開，各人的思想都發生劇烈的變化。怒濤澎湃的從軍潮掀起後，我倆都報了名，都沒有獲得學校核准。那一年的冬天，延勳拚命學新聞，我埋首寫「諸葛亮評傳」，在除夕的爆竹聲中，我寫完了最後一個字。交給指導教授，結果不知流落何處？傷哉！第二年春，渭珍師辭卸湟川校長，來重慶出任青年團第五處處長，在重慶我們又多了一位共同晉謁請益的師長。

在重慶的第一個春假，我初訪小溫泉。由重慶過江，乘車到花溪口發電廠的水壩前，便捨車乘船。春天的溪水清碧如藍，夾岸桃紅柳綠，右側政校後的山嶺上長滿了蒼翠挺拔的馬尾松，春風澹蕩，輕舟搖曳，我叫船夫一直划到南溫泉再折回來。在重慶我遍遊了南北西三溫泉。南溫泉溫柔嬌媚如處女，北溫泉莊嚴冷艷如貴婦，西溫泉則似猶抱琵琶半遮面的路柳牆花。到了政校，延勳帶我參觀各種設施，介紹認識同鄉。在南溫泉便餐，還洗了溫泉浴。當夜我就寄宿在政校宿舍。免不了聯合給建新寫信。第二天我辭別返校，爲了省車錢，他送我步行經南溫泉，登虎嘯口，直到山岡上。他獨立山岡，目送我離去。蜀中山水，本極秀麗，暮春三月，杜鵑聲裡，細雨如煙。麥秀漸漸，菜子似金，「綠滿山原白滿川，子規聲裏雨如煙」。我踽踽獨行石板路上，回味兩日歡聚，放眼大好河山。發誓一定要力爭上游，以期毋負好友殷望。到了李子壩，改乘江輪，順流而下，傲立船頭，大有擊楫渡江之概。每次和延勳相聚，我的精神就像打了一針興奮劑，總要振奮一些日子。政局風雲幻變，愈接近勝利，形形色色的怪事愈多，延勳是學新聞的，感觸特別敏銳，每次見面，他都有許多我聞所未聞的事要說。有一次甘肅在重慶各大學的同學，假復興關勵志社歡迎從邊區來京述職的鄧將軍，延勳當時就告訴我，「這個老漢不可靠」。三年後，果然應驗了。勝利前後，國內國外，政治、軍事、社會、經濟，都是一個大變動的時代，延勳以新聞記者特有的看穿層層障蔽的銳利眼光和靈敏的觸覺，釘牢瞬息萬變的時局，我也站在學歷史的人的立場，企圖看清並記錄下這偉大的歷史時刻。今天的新聞，將成爲明天的歷史，今天的歷史，正是昨天的新聞。兩人的目的雖然不同，不肯錯過這連臺好戲的作法則是一致的。我們一見面，談的都是天下大事，個人生活細節，彼此反而都忽略了。羅斯福以行將就木的殘廢人，領導民主陣營，大搞高階層秘密外交，我們都擔心健康對於一個人智慧的影響。當時薩孟武、何永佶都在政校任教。何侈談民主，薩力主國權。國家大敵當前拚得你死我活的緊急關頭，英美都一反常例，破格加强政府威權，我們的學者却在這個時機來掣後腿，其用心眞叫人懷疑。歐洲當民族國家形成之初，爲了內求統一，外求獨立，人民都甘心情願地希望有一個强有力的中央政府，才形成了十七世紀的開明專制。我對普魯士的腓特烈大帝一向佩服的五體投地。所以對薩何之間，尊薩而非何。有一次在俯瞰嘉陵江的山頭上，我們談到了明太祖的衞所制度。打天下的時候，軍隊多多益善，天下打平之後，這些功在國家的戰士的出路問題，成爲新政權的嚴重考驗，繼續留用，國家財政不堪負荷，遣予解散，他們懷着滿腔怨恨，走投無路，勢必鋌而走險。如何放牛桃林，牧馬陰山，解甲歸田，是謀國者的最大課題。還有功臣功狗的安置，稍不謹愼，都會鬧出大亂子。歷代開國十至廿年間，都有一段危險期，便是這個道理。我們當時的看法和想法，都不合那時代的潮流，和別人談，很難得到諒解，只有我們兩個在一起的時候，才敢肆無忌憚，放言高論。我們曾經參加過反對雅爾達密約大遊行，也曾爲勝利而縱酒高歌。後來建新的父親由蘭州調職重慶，再調青島，建新也由蘭州來到山城重慶。「湟川三朱」又在重慶聚首。由於建新住處和我比較近，我倆的來往也比較密切。建新最先買舟東下，過巴峽，下巫峽，辭白帝，還滬上，泛海至青島。我去北碚實習，延勳忙着跑社教學院，卅五年春季，我們竟未謀面。暑假期中，延勳隨校復員還都，我奉召赴廬山受訓。

夏季的廬山，眞像羅家倫說的，像一個艷麗的少婦，對着天際浮雲搔首弄姿，白雲被勾引過來，猛然抱住她的纖腰，她却驚惶大哭，白雲被嚇得放手飄退了，她又展顏微笑。一會兒驕陽當空，一會兒大雨傾盆，千奇萬化，麗態百出。我遨遊匡廬名勝，也接受緊張刺激的戰鬪教育，傳習學舍稍息立正，含鄱口迎風望月。也曾在那裏親睹馬歇爾七上廬山。廬山下來，乘船到南京，寄宿中央團部。延勳當天就趕來看我。那時他正在南京中央日報實習，負責採訪社會新聞。南京還沉醉在勝利的餘歡中，歌舞昇平，「五子登科」。但是千萬戰士無法復員。工廠無法開工，農人不能復耕，死者未葬，傷者未醫，生者無以爲養。通貨膨脹，物資奇缺，共匪叛亂，邪說橫行。表面上一片繁華，各隱暗的角落裏大崩潰已在顯露裂縫。延勳採訪社會新聞，所看到的正是這崩潰前的徵兆。他把這一年採訪的新聞剪輯編成一册，題爲「一束警惕性的紀念稿」，我替他改爲「怵目驚心的一瞥」，留存給後世史學家去引證。他忙得昏頭轉向，而我在南京停留的時日有限，不能陪我暢遊金陵名勝，他替我規劃好遊程，獨自登鷄鳴寺、雨花臺、燕子磯，恭謁中山陵。他陪我夜訪六朝金粉、管急絃繁的秦淮畫舫。蕩舟玄武湖。三分明月，一蕩荷花，我們盪舟荷花深處，傾訴今後的理想，我偏愛鐵馬冰河，立志去東北從戎；他嚮往蕉風椰雨，想去南洋圖謀發展。他囑咐我此去要保重身體，起居要有時，飲食要有節，不可任性，不要犯牛脾氣，更不可放言無忌、語言傷人。我搭機北上的那天，事先講好他不來送我，可是當天一大早他就來到中央團部門口，秋風裏，兩人相對無言，直到車子開出老遠老遠，他還在那裏佇立悵望。

我壯遊東北之後，回到北平，駐在王府井梯子胡同一號外交部東北特派員駐平辦事處，是軍人，也是老百姓。經常上午去北大旁聽，下午去北海國立北平圖書館看書，王錫大兄也來北平，在和平門外國立北平師範大學讀書。這一時期，延勳在南京可眞忙碌不堪，一面在政大念書，一面在中央日報實習。抗戰時，甘肅省留渝同學，在重慶辦了一個刊物，名叫「隴鐸」，斷斷續續，撐持了八年。勝利復員還都，爲了使隴上的花朵在江南開放，延勳約集南京的政大、中大、金大、警校、語專、藥專、社教學院，建國法商學院等院校一百七十餘甘肅同學，重組「隴鐸社」，在南京復刊。由延勳與孫美涵分任正副編輯。於民國三十六年二月十五日出版「隴鐸月刋」新一號。延勳手撰代復刋詞「唱出心聲，爭取明天」，提出四大原則：「㈠人民的福利西北的福利；㈡持論公正對事不對人；㈢爭取團結爭取民主；㈣超黨派立場。」他們堅持三個方向：㈠誠摯坦白；㈡熱情進取；㈢堅貞理想。復刋之初，只有法幣二十萬元，卅六年二月第一期的印刷費就花了一百多萬元。航空郵寄費每份法幣五百元。到了三十七年元月印刷費漲至一千四百萬，航空郵寄每份漲至七千元。因爲經費支絀，所有稿件一律免酬，拉稿非常困難，頭幾期所有未署名的文章和署名陌生指不出眞實作者的文章，都是延勳的傑作。延勳在剪貼簿的小記中寫道：「我以總編輯之故，工作多屬籌劃與設計方面，尤偏於言論與編排之主持，因而社論方面，或由於主見，或由於委託，或由於不得已，多爲我草寫，經諸友好斧正，然後交編輯會議審核而發表，但以發揮集體精神與言論力量之故，署名多用假擬，因而雖出一人之手筆，看若多人之寫作，此固編務與言論負責人應有之態度。用特剪帖我所撰寫諸稿，以俟他日翻閱檢討，逗引回念耳。」卅五、六年，制憲國民大會及國民參政會先後在南京擧行，甘寧青代表及參政員，到京與會，延勳分別拜訪接待，因之對家鄉的悲慘情況瞭解最深。他熱愛故鄉，對家鄉的事務很熱心，也很痛心，但是並不灰心。那時候中央鞭長莫及，一些封建軍閥、官僚政客，盤據省區，魚肉省民。有些省區的旅京人士及學生，紛紛向中央請願，掀起一陣倒省主席風，如安徽省倒李品仙，山東省倒何思源，西康省倒劉文輝，寧夏省倒馬鴻逵，臺灣省倒陳儀……延勳在隴鐸新三號上發表了一篇氣壯山河，義正辭嚴的大文——「倒一個省主席警告十個省主席」，取瑟而歌，曾發生了不小的震撼作用。同時我在北平，以白水等筆名正和新民報的左派仁兄，艱苦筆戰。

卅六年暑期，僑務委員會甄選僑教師資，延勳報名投考，以極優異的成績榮獲錄取，於「華僑教育師資訓練班」第二期結業時，以優秀學生身分代表全體同學致答詞，許多老教授都被感動的老淚縱橫。他乘風破浪，南下暹邏，於卅六年十月到達曼谷，於育民中學任教之外，還擔任中央日報社駐暹特約記者。他的第一篇通訊「政變後的暹邏」刊登於卅七年二月二日的南京中央日報上，深獲各方面重視。又曾擔任「星暹日報」及「光華報」的英文翻譯，並為暹京「中原報」及「曼谷公報」撰稿。忙得不亦樂乎。等到我重回南京時，早已人去樓空。劉雁賓老師正在南京工作，師母擔心暹邏政情複雜，延勳又常寫文章，生恐開罪了人，遭遇不測，憂心忡忡，叫我寫信勸他回來。幸而我沒有寫，要是他眞的回來了，民國三十八年大陸的大混亂時期，他不知道將會遭遇到什麼壞運。卅七年春，我寄居丹陽，遨遊三吳名勝，遍歷吳頭楚尾，行踪飄忽不定，他忙於工作，彼此很少通訊。到了夏天，我定居上海，建新回滬省親，我倆又在滬上相遇。龍頭已去，僅餘龍身龍尾，不能騰雲駕霧，只有在十里洋場的小公園中，靜坐納涼。兩個人聯合給延勳寫寫信。入秋以後，建新去北平上清華大學，我參加了上海經濟管制行列，又奉派到蘇州組織青年服務大隊。去天平靈岩看楓葉，騎馬遊虎邱，撫生公說法石，泊舟楓橋，聽夜半鐘聲。飽餐太湖秋風，再轉嘉興，吃南湖菱角，過松江，尋張翰鱸魚。住址經常變動，和延勳的通訊，竟然中斷了。經濟管制工作，草草收場，卅七年底，我悄然來到臺灣，先隱居員林，後隱居草屯。回想天下大亂之年，民不聊生之月，無可奈何之日，負疚良深。斷絕一切往來，埋首研讀廿五史、資治通鑑。接着大陸淪陷，中央日報遷臺，延勛也辭去了特約記者，整整有七年工夫，我倆不相問聞。後來還是延勳從別人處打聽到消息，寫信來探詢，兩人才又恢復通訊。

約莫在民國三十九年十月，延勳辭去育民中學教職，考入美國新聞處中文部工作，直到民國六十五年三月三十日息勞歸主，整整在美國新聞處工作了廿六年。大約民國四十三年的春天，在慈善晚會上認識了當時在慈幼院任教的何翠媚小姐，就是後來的朱大嫂。當年十二月十二日他們在曼谷結婚，朱大嫂賢淑幹練，給延勳家庭和事業上的幫助很大，半輩子漂泊流浪，到頭來在海外建立了一個溫馨甜蜜的家，我收到他們的結婚玉照時，心裏有說不完的興奮和安慰。四十四年十二月，他們的大兒子宗河出世了，他心中的喜悅可想而知。我在賀卡上套用了秦腔的戲詞「懷抱子，足蹬妻，快樂逍遙」。他回信勸我早日結婚，由此可見他家庭生活的美滿幸福。

四十六年他來臺作公務旅行，那時候我正在彰化中學教書，他事先並沒有通知我，到了臺北我還不知道，直到他來臺中的當天上午，才託人打電話給我，我一聽到這個天外飛來的喜訊，把手上的書本向上一扔，狂叫一聲，不禁涕淚交流，別人還以爲我瘋了。明知時間還早，忍不住狂奔到臺中車站去等。還通知了在臺中農學院工作的林福馨學姐。世界上最難忍耐的是等待，我在月臺上不住地奔波，盼望着！盼望着！火車終於進站了，我睜圓眼睛像沙裏找金一樣地在旅客中搜尋，一個、兩個、三個、四個……一個個的旅客下車了，突然眼前一亮，延勳兄終於下車了，十年不見，風采依舊，只是稍微胖了些。本來心中有千言萬語要說，可是見面後却只說：「你吃過飯了嗎?」李蔚榮兄正在臺灣省政府得意，他安排我們參觀了南臺中的中國電影製片廠，記得當時正好有一位義大利導演在拍「萬里長城」，中影也有一部片子在配音。從延勳兄和廠長的對話中，我驚悉他對第八藝術竟如此內行，對國內影劇圈內的情況熟習的令我咋舌。我們又參觀了臺中幾家電影院的聲光設備。本來預定要到日月潭去過夜，因爲沒有車，同時他也想多瞭解我的生活情況，臨時取消了日月潭之旅。晚上我請他到臺中成功市場一家山東小館便餐，他對那裏的花捲讚不絕口，一口氣吃了好幾個，還一再叮嚀我多買幾個帶回去。去國萬里，故鄉音訊杳然。舉目異域殊俗，入耳胡笳番歌，進口羶肉酪漿，一旦得嘗家鄉口味，那種濃郁的鄉情，眞令人感動。回到彰化，王錫大兄已由鳳山陸軍官校趕來相候，當時我和錫大還都未婚。三個人在我的宿舍中挑燈夜談。他也翻閱了我的讀書札記。過去他一直苦勸我學習新事物，我却一昧在故紙堆中討生活，如今大錯已經鑄成，他反過來勸我繼續努力，早點把這些資料整理出來出版。他說：「教書生活雖然清苦，但是每天都和書本分不開，靠書本解決現實生活，也得靠書本創造終身事業。臺灣社會安定，新書固然難得，但是舊資料有的是。大丈夫既不能立德立功，就該立言以傳後世。做官發財，都要仰仗他人，依賴機運，與你的志趣性格都不合，反是讀書著作，一切操之於己，不必求人」。他又勸我學習英文或日文。他說：「現代學術已是國際性的了。不懂外文，等於半個瞎子，在資料的搜集和見解上，都受了很大的限制，像你所研究的中國經濟史，日本人就有相當突出的成就，不懂日文，吃虧就很大了」。他勸我和錫大趕快結婚。他說：「一個人結婚生子之後，就有了一種責任，責任感才是支持人活下去的原動力」。當然我們一定要談到建新，對於闖入鐵幕、陷身大陸的老朋友，大家都有無比的關懷和思念。第二天，錫大因爲官校有課，匆匆南返。我陪延勳上臺北。我捨棄了炫耀臺灣進步的觀光號火車，改乘公路局海線的慢車。延勳是中國人，不是觀光客。我要讓他看到臺灣的眞正農村生活。一路上他對臺灣農村的富庶繁榮，贊嘆不已。他說：「假若民國卅七、八年大陸各地都能像臺灣這樣，大陸也就不會淪陷了！誰知大陸淪陷後，人民的生活比民國卅七、八年還更貧苦百倍」。他那裏料想到今天臺灣人民的生活比二十年前又更富裕百倍。在臺北甘肅旅臺同鄉假康園設宴歡迎他。曹委員啓文、朱委員貫三、郭委員學禮，魏委員佩蘭，陸委員錫光，雷震邦、張自學、李世勳等，許多同鄉都參加了。是甘肅同鄉蒞臺十年來除了春節團拜外，最大的一次聚會。有好多鄉長還是我來臺後第一次見面。席上我們還談到了馬大使。當夜我就住在他下榻的蘭亭旅舍。又是談到很晚才睡。以後幾天，我陪他參觀報館、學校，拜訪朋友。我們一再去三軍球場長安館吃家鄉口味的牛肉泡饃。他臨走的那天，各同鄉都去機場送行，連馬星野先生也去了。他千里迢迢從海外回來，在臺北幾天，我的吃住反而由他開銷，臨走還把用剩的新臺幣都塞到我的口袋裏，眞不好意思。我們一直守在機場邊，目送載他的民航客機，向南天飛去。誰會想到這竟是最後的一面。

民國五十年，我在臺灣結婚，他遠從泰國寄賀儀來，還附了一封情辭眞摯的長信，由衷地祝福，誠懇地勸勉。他知道我脾氣不好，特別告誡我夫婦相處要容忍，要讚美對方的優點，寬恕對方的缺點。還闡述了他的「缺陷美」哲學。嗣後我們各自養家生孩子，他有三個兒子，我有兩個，經常彼此交換家人照片。五十三、四年左右，我在中央日報發表一系列介紹西北風土人情的文章，每篇他都看，看了之後，還講給孩子聽。他在泰國，除了在美國新聞處工作之外，還在美國之音中文部做新聞及專題報導節目，另外在曼谷一家報紙作翻譯工作，每週寫一篇時事評論。他在信上說：「我除了辦公室平常事務以外，替美國之音中文部做一些新聞報導及專題報導的節目，有寫有說，也頗有趣。過去一年，我兼作曼谷一家報紙的翻譯工作，每週寫一篇時評。這都是我最喜歡的事。奇怪的是我的主要工作，並不是我所喜歡的，我的次要工作，則是我最滿意的」。如今我手頭有一大疊他寫的「一週時事專評」，我對曼谷報界情形完全不瞭解。不知道是那一家報紙發表的。民國五十八、九年間，他再度擔任中央日報社駐曼谷記者，寫了不少精彩的專題報導。一身兼四、五份工作，繁忙勞碌，可想而知。延勳中年時期的文章，由絢爛趨於平實，清澈如水，一步一個脚印，一個字有一個字的份量，重逾千斤，擲地有聲。令人讀起來猶如領略秋原景色，充滿恬淡成熟之美。廿歲左右，我們兩人的文章，自己也常混淆不清。卅歲以後，他寫的文章，便如泰山北斗，我只有高山仰止的份兒了。尤其他爲中央日報所寫的專欄，觀察透徹，立論精闢，不故弄玄虛，不故作驚人之筆，頗有嚴正的史學意味。

他家老大宗河，是四十四年十二月生的，老大之後，還生了一個活潑可愛的女兒，延勳寵愛逾常，不幸這個孩子夭折了，延勳夫婦悲痛萬狀，來信對世事幻變、人生無常、哀樂中年的無可奈何的境地，萬分傷感。大約在民國四十八年左右，他皈依了主，信奉的很虔誠，曾經擔任泰國基督教浸信會懷恩堂主席很久，他熱心幫助別人，主動爲兄弟姐妹服務，常聽到從曼谷來的人士，贊佩不已。小時候在湟川讀書的時候，我就說他最適合作青年會總幹事，後來他果然作的比任何青年會總幹事都好。他的奉主，和那些開口耶穌、閉口基督、口裏有主、心裏無主的假信徒不同；也和那些整天痛哭流涕、求主慈悲、求主恩典、但求一己得救的狂徒不同。他的奉主，是一種聖靈充滿的喜悅，是一種認清道路的篤定。心中充滿了愛，把主的旨意，融入生活之中，行在地上。這是一種愛的哲學思想。上帝創造了宇宙萬物，也創造了人類，宇宙萬物，包括上帝本身，同出一源，同由相同的原子構成。正如宋儒張載說的：「乾稱父，坤稱母，予兹藐焉，乃混然中處，故天地之塞，吾其體，天地之帥，吾其性，民吾同胞，物吾與也」。認清了天地萬物一體的本然，才能具有「民胞物與」的胸襟，才能從內心發出「愛人如己，愛物如人」的愛心，主說我來傳一個新的福音，這福音就是「愛」。有了「天人一體，四海一人」的「愛」，才能「贊天地之化育，與天地參矣」；這是一種生活態度，純樸節儉，嚴於律己，寬於待人。努力奉行主的旨意，盡人事，聽天命，不怨天，不尤人。「存吾順事，沒吾寧也」；這也是一種理想的社會制度，人與人之間皆是兄弟姐妹，彼此眞誠相愛，沒有仇恨，沒有殺戮。守望相助，出入相友，疾病相扶持。和睦相處，互愛互助。人飢己飢，人溺己溺。他曾規勸錫大兄奉主，可是始終沒有主動來帶領我進入主內。因爲他知道我在認識上瞭解這個道理，至身體力行，完全要發自內心的主動，這地方語言文字是多餘的。

延勲民族意識極强，是一個徹頭徹尾的頑固愛國份子。無論在海外如何顚沛流離，無論國家變亂衰危，他始終是中國人，永遠持用中華民國護照。他在泰國居留了三十年，始終未歸化泰國，在美國新聞處工作了廿六年，一再堅拒加入美國籍。生爲中國人，死爲中國鬼，永遠是個堂堂正正的中國人，縱不能埋骨黃河畔，也必魂歸崑崙巓。他這種堅持民族正氣的立場，在他去世後，使大嫂和孩子受盡了委屈，吃盡了苦頭，在求學和就業上都遭遇到無法挽救，不可彌補的極大損傷。這些利害關係，他生前比誰都瞭解的更清楚。他在美新處主辦的就是華僑事務。但是爲了保持中國人的傲骨，爲了伸張炎黃子孫的正義，頭可斷，血可流，志不可屈。他雖然半輩子在洋機關作事，但無時無刻不流露出炎黃子孫的尊嚴與不可凌辱。寧可受自己同胞寸寸臠割，絕不受異族的寵愛豢養。有一次我在賀年卡上抄錄了一句西哲名言，「吾愛吾國，兼及其瑕」，他看了之後，大爲感動。來信和我討論吉卜賽人、猶太人在祖國滅亡幾千年之後，仍然團結在幾千年前的祖國的精神感召之下，那種悲壯的民族性。他對洋機關裏的一些「香蕉」（皮黃肉白心黑葉綠）痛心疾首，切盼他們能猛回頭。

我們可以從一個人對兒女的命名上看出他的理想、希望和抱負。子女是父母生命的延續，也是希望的寄托。延勲三個孩子，老大叫「宗河」，表示對故鄉的懷念，他的家就住在蘭州緊臨黃河的橋門街，朝看黃河，暮看黃河。同時也標明中華民族發源於黃河，子孫們永遠不能忘本；老二叫「宗海」，海爲百川滙，象徵中華民族兼容並包的海量，同時指出中華民族不能再閉關自守，要向海上謀發展；老三叫「宗洋」，意思是說要有太平洋的汪洋大度，同時中華民族今後不但要揚威四海，還要稱雄七洋。我也有兩個兒子，老大叫「大明」，希望他爲人處世要「正大光明」，對宇宙人生的認識上要「大明終始」；老二叫「大元」，取「大哉乾元」之義，勉以「天行健，君子以自彊不息」。從命名的用意上、風度上，我都遠不及延勳。我不如延勳，我給孩子命名不如延勳，我的孩子更不如延勳的孩子。但是我唯有高興，沒有一絲嫉妒，我輸得心服口服，延勳本來就是高不可及的。但願宗河、宗海、宗洋、大明、大元都牢牢記住父母給你們命名的用心。你們大概都看過「根」這本書和電視吧，「金泰」被掠奴者虜去販賣到美洲，無論主人如何鞭打始終不肯接受主人給他的名字，總堅持他的名字是「金泰」。

六十二年，宗河赴美留學，路過臺北。延勳寫信要我照拂，並叮嚀我讓孩子瞭解一點祖國的情況。飛機在臺北只停留一夜，他又沒有加簽臺灣入境證。那天班機誤點，到松山已經天黑了。以前從沒有見過宗河，還擔心會彼此錯過。等到他一走出機場，神情擧止，活脫乃父三十年前湟川讀書時代，我竟脫口而出大叫「朱延勳」。仔細再看，比他爸爸更英俊，更聰慧，更沉着，也似乎高了一些。我陪他到中泰賓館安頓好住處後，坐車由敦化北路，經南京東路、中山北路、中山南路，折仁愛路，再經基隆路、松山路，到虎林街舍下。好讓孩子對現代臺北有個好印象。第二天上午，我帶他去參觀外雙溪故宮博物館，希望他認識一下中國歷史文化的悠久偉大。中午在他請求下在一家很小很小的小館子裏，吃了一頓純中國風味的水餃，也逛了一下欣欣百貨公司。這孩子眞純潔，眞勤奮，談吐文雅，擧止端莊，延勳兄嫂不知怎麼調教出來的，就是在臺灣，也很難找出這麼一個渾身中國優雅文化氣息的典型優秀青年。老友有子，我心中的高興就甭提了。談到他父親的健康，他說不久前背部長瘤動了一次小手術，目前情況很好，當時也就很放心了。

我和延勳都不是把友情掛在口上的那種人，我堅信友情要細水長流，沒有消息就是好消息。在湟川的時候，我們都聽過一個故事，印度有兩個性命之交的少年朋友，一別就是三十年，其中之一作了炙手可熱的顯官，一個出家作了和尙，卅年後，兩人偶然在旅途中相遇，而且各人都有要事，只能作三十分鐘逗留。兩人便在旅館裏無言相對，默坐卅分鐘後，各自東西。這個故事對我們印象很深。近廿年來，彼此很少通訊，一年難得寫一兩封信，彼此的關懷和思念，却有增無已。我常把杜甫的「夢李白」「天末懷李白」顚來倒去的念，有時候一連好幾夜都夢見他，反而覺得「三夜頻夢君」的三夜太少了。一年一度我們鐵定互通一次賀年卡，在印好的卡片上附幾句話，發抒自己的胸懷，傾訴心中的思念。照例是他的卡片先來，我照着他信封上的地址再寄去。六十四年，年終歲暮，聖誕已迫在眉睫，他的卡片還沒有到。我破例第一次先寄賀卡給他。國家多難，報國有心，請纓無門，馬齒徒增，垂垂老矣，當夜風雨交加，忽憶放翁詩句：

「僵臥孤村不自哀，尙思爲國戍輪臺。

夜闌臥聽風吹雨，鐵馬冰河入夢來。」

就把它抄在卡片上。「鐵馬冰河」，少年時代塞上舊夢，思之寧不令人傷懷。而今一個棲遲海外，一個羈旅孤島，回首前塵，愴然淚下。

過年後，錫大兄北來，說他也沒有接到延勳的賀年卡，這才擔心起來，但是怎麼也沒有想到死。總以爲他到那裏旅行去了。我立刻寫了一封信去詢問究竟，抄錄杜甫天末懷李白前四句：「涼風起天末，君子意如何？鴻雁幾時到？江湖秋水多。」表示我的懷念。代表錫大和臺灣的朋友鄭重邀請他們全家回國定居。信寄出去後，宛如石沉大海，杳無回音。到了七月，有一天下午，我打開信箱，發現一封由曼谷寄來的信，信封上的字跡非常陌生，急忙打開一看，天啊！怎麼會是何翠娟大嫂函告延勳兄去世的訃聞!!!怎麼可能呢？一定是有人在惡作劇，「混賬！眞正豈有此理！怎麼可以拿這種事開玩笑？」我氣虎虎地一路走一路罵上樓來。妻發覺情況不對，連忙跑出來問：「什麼事？什麼事？」我把信往她臉上一扔，「你去看！」她看過之後，眼淚直流。我怒唬道：「你哭個什麼勁？你難道看不出這是假的？」她反覆看了又看，說：「不可能有人拿人家的生死開玩笑，這是眞的」。我的腦子裏轟隆一聲，立刻眼前發黑，天旋地轉……我成了一個木頭人，不知道哭，也不知道說話，機械般地拿起筆來給錫大寫信，也不知道寫了些什麼？後來錫大兄告訴我，那封信無頭無尾，也沒署名，他從字跡上看出是我寫的。經寫信向曼谷詢問，八月裏朱大嫂的信來了。他說：「延勳近年來多病，數次住院開刀，至三年前取出膽結石後，一直腹痛，時好時痛，醫生仍認爲是新傷口肌肉未復原，而且痛的程度也能忍受。至去年十二月底轉劇惡化，又請原治醫查驗，仍認爲無甚重要，所以就誤一個多月。今年元月始轉入基督教醫院，延請內科專家診視，經過二次抽肝化驗，才證實確是肝癌絕症。……至三月三十日，蒙主召回天家，終於離我母子而去。」延勳就是這麼好强，從不把自己的苦痛告訴別人。他少年時代的辛酸，朋友之中只有我和錫大知道一些，好多還是從側面打聽出來的。這次他病了這麼久，我竟一無所知，五倫之中還要朋友作甚麼？病不知時？也沒有一封慰問的信，歿不能撫屍盡哀，斂不憑棺，窆不臨穴。我是這樣的人嗎？一定是夢，是一場惡夢，延勳沒有死！延勳沒有死！誰說延勳死了，我就跟他拼命。

六十五年尾，朱大嫂託唐魯孫先生的親戚從曼谷帶來一大包延勳的遺稿，這是延勳嘔心瀝血的成果，殘簡斷編都是他的心血結晶。焦黃灰敗的紙上，呈顯出三十五年來我夢中都能辨識的熟悉的筆跡，我第一次哭了，熱淚如黃河決堤，一瀉千里。延勳的心血，我的熱淚，融合在一起，紙上再也看不見字，只看一幕幕的往事在紙上跳動。趕緊收拾起來，硬把它當作一場惡夢。延勳去世十個月之後，我才第一次流淚。直到今天，我還沒有放聲慟哭，我哭不出來，不相信造物就這麼殘忍，讓一個人歷盡艱苦，受盡折磨，經歷無數大災大難，渡過無數驚濤駭浪，戰勝無數兇殘惡敵。正當要收穫的時候，却輕輕奪走了他的生命。天若有靈，我要把天拉下來捅他幾刀，地若有知，我要一脚踹他幾個窟窿。叫天天不應，叫地地不靈，天下還有什麼公道，人間還有什麼是非，命運如此，人又何必拚命掙扎。

靠薪給過活的人，家中唯一賺錢的人去了，一個婦道人家和三個未成年的孩子，孤兒寡婦，何以爲生。異國殊域，擧目無親。他們的爸爸從小無父無母，輪到兒子，又少年喪父，爲什麼不幸老跟着可憐人。我想把他們的老二宗海接到臺灣來，被大嫂謝絕了。她要獨力完成延勳未盡之志。六十六年初夏，翠娟大嫂赴美探視宗河，路過臺北，我第一次看到了過去只有在照片上看過的大嫂。端莊嫻淑，聰慧幹練，蒙主恩典，她毅然挑起重擔，當然很吃力，她的脚步却異常堅定，眞不愧女中豪傑，延勳在天之靈，一定很心疼，也應該很安慰。

延勳的遺著在我的案頭整整擺了兩年半，爲了不讓熱淚弄模糊字跡，我遲遲不敢動手整理，好多朋友催促我，責備我，甚至與我絕交。我依然狠不下心來，因爲編印延勳遺著就確定宣造延勳死亡，也等於宣告我的死亡，我倆具有共同命運，同歷憂患，在人生的旅程上長期併肩作戰，他是我的眼睛，我的精神支柱，代表我性格中光明向上的一面，他死了！我也就總崩潰了。張自學兄一再催促趕點把延勳遺著編印出來，他希望能爲延勳出一本最完善的遺著選集，他自告奮勇願作最後一次總校，還答應寫一篇「延勳在政大」。我一再拖延，自學兄也過世了，你看我的罪孽多深重。延勳在求學時代，每天都有內容充實文筆流暢的日記，蘭師階段，錫大看過，湟川階段，我看過，篇篇都可當範文讀，比「梭羅日記」毫無遜色。還有少年時代的一些熱情如火的習作，都散失了。現存最早的作品，是民國卅五、六年在南京中央日報採訪社會新聞的一束新聞稿剪輯，延勳自題爲「一束警惕性的紀念稿」，我易名爲「悚目驚心的一瞥」，還有卅六年他爲隴鐸月刊寫的社論，採訪及論著，這些都是他在國內寫的。南下曼谷後，他的著作可分爲四大類：一類是他卅七、八年及五十八、九年爲中央日報所寫的通訊；一類是他爲曼谷公報所寫的社論；一類是爲曼谷中原日報所寫的文章；一類是爲曼谷某報所寫的一週時事專論，這些都是報章雜誌發表過的剪輯。此外還有半部「最新新聞學研究」手稿。一鱗半爪，已可以窺見他努力的一斑。我準備先選出一部份，出刋一部遺著選集第一册，其餘以後再說。

一粒種籽，隨風飄零，偶而落到石頭上，被野鳥啄食了，偶而落到大路中，被車輾馬踏太陽曬死了，偶而落在肥沃的泥土中，得到適時充沛的水份，足够的肥料，溫煦的陽光，更加園丁細心的呵護，它順利地發芽、抽枝、開花、結果，度過它光輝燦爛的一生。還有的不幸落到路邊的石隙中，沒有充沛的水份，沒有一絲肥料，沒有足够的陽光，全憑自己奮力掙扎，千難萬苦中發出一星一點嫩苗，抽出幾莖瘦枝，風吹日曬，行人牛羊踐踏，儌倖躲過重重刼難，剛開出一朶小花，却被過路的玩童隨意攀折糟蹋了，這便是命，也就是佛家所說的緣。我和延勳就是偶然落在路邊石隙中的兩粒種籽，他掙扎着開花了，却爲命運頑童所摧殘。我始終只是爬在地面任人踐踏的一莖衰草。

附錄：南海血書

我再也支持不下去了！這些年來我看够了各式各樣慘絕人寰的死亡，對我來說，死已算不了什麼大事。只是滿腔悲憤，一肚子委屈，不傾吐出來，實在嚥不下這口氣。

在南海中一個不知名的珊瑚礁上，我脫下襯衫，用螺螄尖蘸着自己身上僅餘的鮮血來寫這封信。我不知道該寫給誰？寫給天主吧？天主當吳廷琰被殺的時候就捨棄了越南子民；寫給佛祖吧？佛祖在和尚自焚的日子就已經自身難保了；寫給當年口口聲聲爲我們爭自由謀幸福的民主鬪士吧？民主鬪士正在巴黎、倫敦、紐約忙着享受自由幸福；寫給出錢出力硬逼着我們享受民主人權的偉大盟邦吧？偉大盟邦早已判決我們罪有應得又到別處去耍他們的老把戲去了；寫給我自己的親人吧？我一家至親十一口：大哥死於越戰砲火之中；文斗姪兒在「解放」前一場暴動中爲流彈所殺；九十三歲的老祖母和七歲的文媛姪女「解放」後在人民政府的照顧下活活餓死；一輩子絕口不談政治的父親在鬪爭大會上被一棒一棒地打死；二哥在集中營裏因忍不住饑餓偷吃了一口番薯被綁赴刑場槍決；大嫂因莫須有的罪名瘐死獄中；母親上船時被匪幹推下海裏淹死；妻在海上被海盜射殺；文星兒和我一同游泳到這個珊瑚礁上，熬到第十三天就在萬般痛苦中死了，他的屍體被同來的難友吃了，吃他肉的難友也都死了。海天茫茫，如今我寫給誰呢？

我一家至親十一口都死在共匪暴政之下，你一定以爲我恨透了這不共戴天的血海深仇，是的！我恨透了他們！復仇的烈火支持着我才能忍受這麼大的痛苦折磨。但是我還有更痛恨的仇人。吃人的老虎固然可恨，但是把別人送往老虎口裏的那個人更可恨；燒死人的火坑固然可怕，但是推別人下火坑的那個人更可怕；咬死人的毒蛇固然歹毒，但是把毒蛇放進你被窩裏的那個人比毒蛇更歹毒。是誰把我們送往老虎口裏？是誰把我們推下火坑？是誰把毒蛇放進我們的被窩裏？是他！就是他！是那些「民主鬪士」和「偉大盟邦」。

我是土生土長的越南人，我的祖先來自遙遠的北方大陸，那已是三百年前的事了。三百年來，我們世世代代生於斯，長於斯，我們已在這裏紮了根，祖國的泥土生育萬物來養活我們，我們死了之後又化爲祖國的泥土。從前作夢也沒有想到有一天會被迫離開她的懷抱。我出生於三十年代後期，兒時依稀記得法國人走了，日本人來了又走了，法國人再來了又再走了，這些印象都很模糊，模糊的連我自己也搞不清楚那些是親身閱歷、那些是得自別人的口述。我懂事的時候越南已是一個獨立的國家，所以在觀念中我常常以爲她本來就是這樣。我家世居西貢近郊，代代務農爲生，祖先中沒有一個人作過「資本主義的代理人」，沒有一個人作過「封建官僚的狗腿子」，家庭背景一淸二白。至今我腦海裏還淸晰地留着童年居住的茅屋和下田打漁的情景。靠着父母辛勤耕作和我們刻苦用功，我們三兄弟都完成了大學學業，都有了令人羨慕而自己並不滿意的工作。市區逐漸擴張的結果，我家的稻田變成了建築用地，價格節節上升。茅屋拆了改建成大厦，扇子丟了裝上冷氣，銀行裏有了存款，出門有汽車代步，我們也躋身於都市人之列。長輩們常講殖民地時代的許多苦楚，但是那些都對我太遙遠了，遙遠的和上古神話一樣。後來講得次數太多了，甚至使我發生懷疑。越南號稱世界穀倉，種田的怎麼會沒有米吃？沒有油沒有肉，怎麼吃飯？一件衣服，怎麼能穿三年以上？只要肯用功，怎麼會沒有學校讀書？沒有冰箱，怎麼貯存食物？神話，神話，統統是神話！請原諒我的愚昧無知，我當時的確這麼想。長輩們說現在的一切都是拜獨立之賜，我們應該知道滿足。我當時心中却大不以爲然，明明是我們自己努力的成果，我們何用感激別人？長輩的識見太淺陋了，他們只知道殖民地時代的辛酸，那裏瞭解現代已是大衆化的高度消費時代？殖民地時代的生活我沒有親歷過，不能拿來和現代相比。我只知道越南人的生活和法、美等高度開發國家比起來，還差一大截。直到越南「解放」了，我才恍然大悟，沒有政府的庇護，個人的任何努力都是白費。可是知道的太晚了。

我們國家的北部淪陷了，大批難民扶老携幼逃到西貢來。他們餐風宿露、啼饑號寒，起初我對他們也曾一掬同情之淚。後來共匪窮追猛打，趕盡殺絕，南來的北佬又口口聲聲要收復家園，我對替我們惹來麻煩的北佬逐漸發生反感。我天眞地以爲日內瓦協定就是鐵的保證，我不犯人，人必不來犯我。我又不是什麼行俠仗義的俠客，何苦犧牲自己的幸福爲別人光復家園，我竟自私到想把同胞推回火坑裏去以求烈火不再蔓延。今天馬來西亞把成千上萬的越南難民推落海中的心情我完全理解，將來菲律賓把成批馬來西亞難民推落海中的心情相信馬來西亞人也會理解。人類永遠學不會唇亡齒寒的道理。

魔鬼的爪子很快地伸進十七度以南，叢林中、深山裏，不時傳來游擊隊燒殺擄掠的消息。所幸西貢表面上還很平靜。政府忙於剿匪，我忙於賺錢，素來對于政治沒有興趣的我，只想平平安安地過日子，國家事管他娘。「從不學什麼，也不忘記什麼」的偉大盟邦不請自來了。中國大陸的悲劇沒有給越南人和越南盟邦任何敎訓。盟邦仍以救世主的姿態，要我們這樣作，要我們不那樣作。以大使館作爲司令臺和庇護所，運用大把大把鈔票，收買野心份子，到處製造事端。毋庸諱言，那時我們的政府，行政效率是有點顢頇，官吏難免貪污，人民不像傳說中的美國那麼自由，但是絕大多數越南人民的生活仍能在安定中逐漸改進。只是野心分子絕少升官發財的機會。但是這些缺點畢竟不是好事，更加野心分子誇大渲染，人人便覺得「斯可忍，孰不可忍！」學生罷課遊行，和尙絕食自焚，激動的情緒使人忘記了大敵當前。少數遠見之士提出警告，要大家謹防敵人乘隙而入。

盟友傳出話來：「吳延琰下臺，共產黨不來！」信誓旦旦地保證，「只要越南人逼吳延琰下臺，盟邦就把越南置於原子傘保護之下。」我們的「民主鬥士」以壯烈的「烈士精神」在盟友的密切配合之下，槍殺了吳廷琰。鬪士們彈冠相慶，走馬上臺，盟邦的大軍源源開到，越南人民開始享受「民煮」了。

越打砲聲離西貢越近，行政效率更加顢頇，官吏更加貪污，人權更沒有保障。一次一次的政變，大使館裏一次一次傳出「×××下臺，共產黨不來」的天憲，無休無止的苦難一齊落到越南人民的頭上。偉大的盟友掉過頭來與虎謀皮，用越南幾千萬人民的生命換取「諾貝爾和平獎金」。一九七五年四月越南人民的末日終於來了。當初「鬪士」們要我們相信一切都是爲了我們好，保證絕對不會砸鍋沉船，他自己也在船上，他自己也從同一個鍋裏吃飯，他說的可眞漂亮：「船沉了，不管坐頭等艙或三等艙，都要淹死。」我們當時竟儍得信以爲眞。後來船眞的沉了，才發覺頭等艙裏還有直升飛機。看來我們眞像他們說的「永遠只有十三歲」。

盟友「光榮勝利」回國了，「鬪士」飛往巴黎、倫敦、紐約去逍遙自在去了。越南淪陷後的悲慘日子，說出來他們也不屑聽。誰願意冒險犯難離鄉背井？誰願意到陌生的國度去被人家往海裏推？誰願意漂流到荒島上來吃自己愛子的肉？電線桿倘若有脚，電線桿也必設法逃出鐵幕。

在這孤島上我已撐持了四十二天了。叫天！天不應！叫地！地不靈！海天茫茫，有誰聽見我的呼喚？觀世音菩薩！耶穌基督！穆罕默德！太上老君！你們聽着！我好恨啊！我恨那些把我們送往虎口、推向火坑、把毒蛇放進我們被窩的「鬪士」「盟友」，讓我活着咬他一口，死也甘心！

阮天仇　絕筆

滄海叢刊已刊行書目（四）

書名	作者	類別
詩經研讀指導	裴普賢	中國文學
莊子及其文學	黃錦鋐	中國文學
清眞詞研究	王支洪	中國文學
浮士德研究	李辰冬譯	西洋文學
蘇忍尼辛選集	劉安雲譯	西洋文學
文學欣賞的靈魂	劉述先	西洋文學
音樂人生	黃友棣	音樂
音樂與我	趙琴	音樂
爐邊閒話	李抱忱	音樂
琴臺碎語	黃友棣	音樂
音樂隨筆	趙琴	音樂
樂林蓽露	黃友棣	音樂
水彩技巧與創作	劉其偉	美術
繪畫隨筆	陳景容	美術
都市計劃概論	王紀鯤	建築
建築設計方法	陳政雄	建築
建築基本畫	陳榮美 楊麗黛	建築
現代工藝概論	張長傑	雕刻
戲劇藝術之發展及其原理	趙如琳	戲劇
戲劇編寫法	方寸	戲劇

滄海叢刊已刊行書目（三）

書名	作者	類別
比較文學的墾拓在臺灣	古添洪 陳慧樺	文學
從比較神話到文學	古添洪 陳慧樺	文學
牧場的情思	張媛媛	文學
萍踪憶語	賴景瑚	文學
讀書與生活	琦君	文學
中西文學關係研究	王潤華	文學
文開隨筆	糜文開	文學
知識之劍	陳鼎環	文學
野草詞	韋瀚章	文學
現代散文欣賞	鄭明娳	文學
藍天白雲集	梁容若	文學
寫作是藝術	張秀亞	文學
陶淵明評論	李辰冬	中國文學
文學新論	李辰冬	中國文學
離騷九歌九章淺釋	繆天華	中國文學
累廬聲氣集	姜超嶽	中國文學
苕華詞與人間詞話述評	王宗樂	中國文學
杜甫作品繫年	李辰冬	中國文學
元曲六大家	應裕康 王忠林	中國文學
林下生涯	姜超嶽	中國文學

滄海叢刊已刊行書目（二）

書名	作者	類別
不疑不懼	王洪鈞	教育
文化與教育	錢穆	教育
教育叢談	上官業佑	教育
印度文化十八篇	糜文開	社會
清代科學	劉兆璸	社會
世界局勢與中國文化	錢穆	社會
國家論	薩孟武譯	社會
紅樓夢與中國舊家庭	薩孟武	社會
財經文存	王作榮	經濟
中國歷代政治得失	錢穆	政治
黃帝	錢穆	歷史
歷史與人物	吳相湘	歷史
中國歷史精神	錢穆	史學
中國文字學	潘重規	語言
中國聲韻學	潘重規 陳紹棠	語言
文學與音律	謝雲飛	語言
還鄉夢的幻滅	賴景瑚	文學
葫蘆・再見	鄭明娳	文學
大地之歌	大地詩社	文學
青春	葉蟬貞	文學

滄海叢刊已刊行書目（一）

書名	作者	類別
中國學術思想史論叢(一)(二)(三)(四)(五)(六)	錢穆	國學
兩漢經學今古文平議	錢穆	國學
中西兩百位哲學家	鄔昆如 黎建球	哲學
比較哲學與文化	吳森	哲學
哲學淺論	張康譯	哲學
哲學十大問題	鄔昆如	哲學
孔學漫談	余家菊	中國哲學
中庸誠的哲學	吳怡	中國哲學
哲學演講錄	吳怡	中國哲學
墨家的哲學方法	鐘友聯	中國哲學
韓非子哲學	王邦雄	中國哲學
墨家哲學	蔡仁厚	中國哲學
希臘哲學趣談	鄔昆如	西洋哲學
中世哲學趣談	鄔昆如	西洋哲學
近代哲學趣談	鄔昆如	西洋哲學
現代哲學趣談	鄔昆如	西洋哲學
佛學研究	周中一	佛學
佛學論著	周中一	佛學
禪話	周中一	佛學